KB068577

프로덕트
성장
바이블

프로덕트 성장 바이블

PRODUCT GROWTH

신병휘 지음

네트워크 효과와

연결의 힘

· **이승훈,《플랫폼의 생각법》저자**

네트워크 효과라는 단어는 나의 강의에서 빠지지 않는 단어이다. 하지만 그 단어를 이렇게 파고들어 본 적은 없었다. 교수와 사업을 병행하면서 느꼈던 나의 부족함을 이 책이 채워주고 있다. 다양한 스타트업들이 맞닥뜨렸던 실질적인 문제들을 마치 자신의 일처럼 풀어내는 모습이 과거 싸이월드 시절의 신 작가를 보는 느낌이다.

· **김도한, CJ인베스트먼트 대표이사**

스타트업 생태계에서 수많은 프로젝트를 지켜보고 투자해 왔지만,《프로덕트 성장 바이블》만큼 명확하고 실용적인 인사이트를 제공하는 책은 드물다. 수년간 투자자로서 경험한 바에 비추어 볼 때, 이 책은 투자의 질을 높이고, 스타트업이 직면한 다양한 도전을 극복하는 데 필수적인 지침서라고 생각한다. 국내외 실제 사례를 통해 그 가능성을 보여주는 이 책을 모든 창업자와 함께 나아가고자 하는 투자자에게 추천한다.

- **최원준, 현 마이뮤직테이스트 부문 대표, 전 제일기획 피티코리아 대표**

결론부터 말하면, 요즘 비즈니스의 최대 화두인 네트워크 효과에 관해 1) 최고의 개론서로 2) 깔끔한 도표와 정리가 잘된 내용으로 3) 책 길이가 적당해 지루할 틈이 없는 책이다. 원론적인 내용과 최신 적용 사례까지 잘 융합시켰다. 강추!

- **김현진, CJ제일제당 디지털사업본부 부사장**

마케팅 전략과 Product Growth에 관심 있는 이들을 위한 최고의 지침서이다. 네트워크 효과를 최대화하고, 사용자 기반을 확장하는 방법을 탐구하며, 시장 내 경쟁우위를 확보해야 하는 창업가, 마케팅전문가 그리고 프로덕트 오너들에게 새로운 인사이트를 선사할 것이다.

- **박준일, 하이퍼커넥트 부사장**

네트워크 효과는 공기처럼 너무 당연한 것이 되어버려서 우리는 그것이 세상에 어떤 변화를 가져왔었는지 이미 잊어버렸다. 대부분의 기업에서도 이것을 망각한 채 막대한 돈을 태우는 마케팅에만 몰두하거나, 혹은 '바이럴' 마케팅을 하겠다며 지엽적인 방법론에만 골몰하곤 한다. 저자는 이 책을 통해 기업가와 실무자들에게 네트워크 효과가 제대로 발휘되기 위한 요건과 순서를 실질적으로 제시하고 있다. 기업의 관계자가 아니더라도, 우리가 어떻게 네트워크의 영향을 받고 사는지 이해하고 싶은 모든 사람에게 일독을 권한다.

- **류난희, 오늘의집 PO**

저자의 경험을 바탕으로 실제 사례를 분석한 책으로, 프로덕트 성장 단계별로 네트워크 효과를 만드는 다양한 전략을 소개한다. 특히, 〈네트워크 효과 에센셜〉 섹션은 각 단계에서 중요한 이론적 개념과 실용적 조언을 제공하여, 독자들이 실제 업무에 적용할 수 있는 방법론을 알려 준다. 저자의 실전 경험과 통찰이 담긴 이 책을 통해, 네트워크 효과를 이해하고, 프로덕트 성공을 위한 전략을 찾아가는 여정을 시작해 보길 권한다.

· **신성철, 야놀자 Core Value 실장**

모든 프로덕트는 2가지로 나뉜다. 성장하는 것과 성장하지 않는 것, 그리고 누구나 알다시피 후자는 반드시 사라진다. 갖은 고생 다 해 프 로덕트를 출시한 그대, 이 책을 읽고 꼭 성장을 택하시기를!

· **우미라, 현 우아한형제들 프로덕트경험분석팀 팀장, 전 쿠팡 CX 리서치 디렉터**

어느 날 문득 주변에 많은 사람들이 열광하고 있는 서비스를 발견하 면, 이 폭발적인 성장의 비결이 무엇인지 궁금해지기 마련이다. 이 책 은 내가 그동안 SNS, 커머스 프로덕트를 만들면서 고민했던 사용자 간 의 연결 그리고 정보, 지식과 상품을 연결하는 네트워크의 원리와 힘을 명쾌하게 답변해 주는 책이다. 더 많은 사람들에게 더 오래 사랑받는 프로덕트를 만들고자 하는 모든 분들에게 권한다.

· **차승수, 제클린 대표이사, 팁스(TIPS) 선정 스타트업**

고독한 창업가에게 이 책을 추천한다. 스타트업이라는 험한 길을 결 코 혼자서는 갈 수 없다. 뜻을 같이하는 파트너, 그리고 핵심 고객과 함 께할 수 있을 때 성공에 가깝게 갈 수 있다는 것을 증명하는 책이다.

· **신아리, 한양대학교 비즈니스 인포메틱스학과 대학원생**

궁금했던 네트워크 효과와 디지털 기업의 성장 프로세스를 낱낱이 알게 해준 책이다. 어렵지 않고 술술 읽혀 이틀 만에 완독해 버렸다!

성장을 위한 원씽

네트워크 효과를 처음 알게 된 건 2000년 싸이월드에 입사한 후였다. 당시 싸이월드는 작은 회사였다. 싸이월드 직원들은 '세상 모든 사람들은 6단계만 거치면 만날 수 있다'는 '6단계 이론(Six degree of Separation)'을 믿었다. 지금은 인터넷이 활성화되어 각국의 대통령은 물론 세계 최고의 배우, 뮤지션, 스포츠 스타를 SNS 통해 만날 수 있지만, 당시에는 해외논문에서만 읽을 수 있는 꿈같은 이야기였다. 이후 싸이월드는 일촌 개념과 미니홈피를 출시하며 전 국민이 사용하게 되고 "이런 현상이 정말 일어나네!"라며 환호했던 기억이 아직도 생생하다. 이런 현상은 바로 '네트워크 효과'였다.

수십 년이 지난 지금 '네트워크 효과'는 디지털 프로덕트와 결합하여 세계적인 빅테크 기업을 만들어 주었다. 그러나 최근 스타트업 CEO와 기업의 디지털 담당자를 만나면서 알게 된 사실은 놀랍다. 성장에 목말라 정부에서 연결해 준 멘토를 만나고, 돌파를 위한 힌트를 얻고 싶어 여러 행사와 모임으로 동분서주하지만, 일시적인 마케팅 기법인 경우가 많다는 것이다. 그것마저 광고를 중단할 경우 그 효과도 함께 중단되어 혼란스럽다는 이야기도 있었다. 그래서 이런 생각으로 이어졌다.

디지털 프로덕트를 만들고 성장을 원하는 기업이 여러 고민 없이 무조건 집중해야 할 성장패턴은 있는가? 그중에서 한 가지를 추천해야 한다면 나는 무엇을 선택해야 하나? 이 2가지 질문이 이 책의 집필 동기가 되었고 대답은 '네트워크 효과'라는 결론을 얻었다.

네트워크 효과는 인터넷이 나오기 전부터 기업을 성장시켜 준 방식이다. 그래서 한물간 원리라고 생각할 수 있다. 그러나 인터넷이 나온 이후 AI 시대에도 동일하게 작동하고 있는 보물 같은 성장법이라고 할 수 있다. 필자의 전작《플랫폼 성장패턴에 올라타라》에서도 플랫폼의 중요한 성장패턴 중 하나로 네트워크 효과를 소개한 바 있다. 하지만 여러 가지 성장패턴 중 하나로 다루다 보니 아쉬움이 있었다. 따라서 이 책에서는 네트워크 효과에 대해 집중적으로 다루면서, 사용자를 연결하는 힘이 어떻게 기업의 독보적인 경쟁력이 되는지 살펴보고자 한다.

이 책의 목적은 '네트워크 효과를 활용한 프로덕트(이를 줄여서 '프로덕트' 또는 '네트워크 프로덕트'라고 하겠다)의 성장법을 소개하는 것'이다. 네트워크 프로덕트를 통해 사용자 규모를 확장(Scalable)하는 것뿐 아니라 수익성(Profitable) 있는 비즈니스를 만들도록 안내할 것이다. 이 책은 스타트업은 물론이고, 대기업에서 디지털 프로덕트로 사업을 하고 있는 리더와 실무자들에게도 당면한 문제를 해결하는 촉매제가 될 것이다. 특히 대기업이 가진 자원과 인력이 어우러지면 네트워크 프로덕트는 강력한 경쟁력이 될 수 있다.

각 장은 네트워크 프로덕트를 위한 단계별 성장법을 사례와 함께 소개한다. 그리고 각 장의 마지막 부분에서는 처음 네트워크 효과를 접하는 독자들을 위해 〈네트워크 효과 에센셜〉 섹션을 따로 구성하여, 네트워크 프로덕트에 대한 기초 상식과 적용점을 동시에 습득할 수 있다.

1장은 기초 이론이다. 네트워크 효과를 소개하고 프로덕트와 연결된 네트워크 효과의 파급력에 대해서 알 수 있다. 디지털 비즈니스에서 규모 확장을 위한 필수적인 내용이다. 2장에서는 '스몰 네트워크'라는 개념을 소개한다. 스몰 네트워크란 프로덕트를 만든 후 첫 출발을 위한 시작법이다. 3장에서는 프로덕트가 사용자와 친밀한 관계를 맺고 신뢰감을 얻을 수 있도록 하는 방법을 소개한다. 일반적으로 화려한 시작은 쉽지만, 문제는 항상 그 이후이다. 계속적인 성장을 위한 도약을 준비하는 법이다.

4장부터 6장은 참여, 바이럴, 수익화로 이 책에서 강조하고자 하는 프로덕트 성장의 핵심 요소이다. 관리자라면 구조를 중심으로, 실무자라면 실행 지침과 사례를 중심으로 읽어보길 바란다. 4장은 네트워크 프로덕트의 특징인 참여를 통해 머물게 하는 방법, 5장은 바이럴을 통하여 사용자를 데려오게 하는 방법이다. 6장은 바이럴, 참여로 만들어진 사용자 활동을 수익으로 전환하는 법을 소개한다. 참여, 바이럴, 수익화는 각각의 요소들이 개별적으로 실행되지만 결국 3가지 요소가 선순환되어야 네트워크 효과를 통한 비즈니스가 가능하다.

7장은 성장 사이클 달성 후 프로덕트의 확장을 위한 전략으로, 네트워크 프로덕트에 적합한 확장 방안과 사례를 소개하였다. 2장부터 7장까지 소개한 내용은 네트워크 프로덕트 성장 프레임워크(The Framework for Network-Driven Product Growth)이다. 각 영역은 스타트업 또는 중소기업, 대기업이 처한 상황에 따라 필요한 부분을 골라 적용할 수 있고 독립적으로 적용 가능하다. 또한 다른 영역과 조합하여 시너지가 날 수 있는 연결구조이기도 하다.

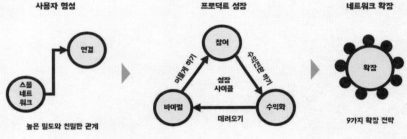

| 프로덕트 성장 프레임워크 구조

최근 인공지능 기술은 무섭게 발전한다. 책을 집필하고 있는 이 순간에도 머신러닝(ML)의 속도는 지난 5개월 사이에 무려 3배나 빨라졌다. 또한 텍스트, 사진, 영상, 음성을 만들어 주는 생성형 인공지능은 과거하루 종일 걸리던 작업을 더 훌륭한 결과물로 10분 안에 만들어 준다. 사용 요금도 월 1~2만 원 수준으로 저렴하다. 그러나 필요한 것을 판단하고, 선택하고, 실천하는 일은 여전히 사람의 영역으로 남아 있다. 이런 비즈니스 환경에서 변하지 않는 성장법을 알 수 있다면 그보다 더 강력한 경쟁력은 없을 것이다. 이 책에서 소개하는 개념은 시간이 지나도 적용할 수 있는 변함없는 강력한 모델이다. 독자들이 이 방법을 활용하여 프로덕트에 생명력을 불어넣고 사용자들과 함께 성장하길 바란다.

끝으로 바른북스 대표님께 감사의 마음을 전한다. 책의 주제와 방향에 대해서 여러 각도로 조언을 주셨다. 그리고 차분하고 꼼꼼한 김재영 매니저의 노고 덕분에 이 책이 세상에 나왔음을 알려드린다.

2024. 04. 12.
신병휘

· 목차 ·

1장.

서막: 디지털 심장, 네트워크 효과
전 세계 창업가와 투자자가 네트워크 효과에 주목하는 이유

4장.

참여: 머물게 하기
사용자를 영원히 매혹시키는 비법

7장

확장: 시장의 한계를 넘어서

두 번째 성장을 만드는 9가지 강력한 방법

(서막: 디지털 심장, 네트워크 효과)

전 세계 창업가와 투자자가
네트워크 효과에 주목하는 이유

네트워크 효과가 얼마나 대단하길래 지난 20년 동안 성장한 세계 최고의 기업들이 이 네트워크 효과를 연구하고 프로덕트에 적용했을까? 이 질문에 답하기 위해 이 책의 첫 장으로 네트워크 효과에 대한 기본적이고 필수적인 내용을 소개한다. 당장 성장을 만들어 줄 비법이 시급해서 이론적인 내용을 불필요하게 생각할 수도 있다. 필자도 책을 볼 때마다 항상 그런 생각을 했기 때문에 그 마음을 이해한다. 그러나 진짜 성장을 원한다면 탄탄한 기초가 필요하다. 이후 2장부터 본격적으로 네트워크 효과를 활용한 성장을 다룰 예정이다. 이번 장에서 소개하는 이론적 기반은 가벼운 마음으로 읽어보길 바란다.

1. 네트워크 효과 세상 속으로

"기하급수적인 성장으로 들어가는 문"
#AT&T #팩스 #테슬라

인터넷 탄생 이후 성장한 수많은 기업들은 각기 저마다 가치 있는 프로덕트로 고객에게 접근했다. 그리고 각자 다른 독창적인 비즈니스 모델을 만든다. 그럼에도 불구하고 성장한 기업들은 공통점이 있다. 그것은 네트워크 효과가 있는 프로덕트를 만든 것이다. 애플, 마이크로소프트 같은 오래된 기업부터 우버, 에어비앤비, 슬랙, 줌, 카카오톡, 토스, 야놀자와 같은 기업을 보라. 최근 20년 안에 탄생한 기업들은 모두 성장 과정에서 네트워크 효과를 이용하여 기하급수적으로 성장했다.

· 네트워크 효과란

'네트워크'는 노드와 링크로 구성된다. 즉 프로덕트를 사용하는 사람들이나 물건(노드) 간 연결(링크)이다. 그리고 '효과'는 프로덕트를 사용하는 사람들이 많아지면 그 프로덕트 가치가 커지는 것이다. 단어 뜻 그대로 네트워크 효과를 간단하게 정의해 보면 이렇다. 네트워크 효과 란, 사용자가 늘어날수록 다른 사용자들이 느끼는 프로덕트 가치도 올라가는 현상이다.

네트워크 = 노드(사람, 물건, 파일) + 링크(연결)

효과 = 프로덕트 사용자가 증가하면 그 가치가 커지는 것

네트워크 효과 = 사용자가 늘어날수록 프로덕트 가치도 올라가는 것

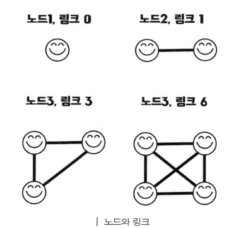

| 노드와 링크

네트워크 효과는 디지털 시대의 산물이 아니다. 디지털 시대에 그 진가를 발휘한 것이다. 이 법칙들을 이용하여 기업들은 지금도 엄청난 성장을 이루고 수익을 창출하고 있다. 오래된 이야기이지만 팩스와 전화기 작동방식을 살펴보면서 네트워크 효과를 조금 더 알아보자.

팩스를 가진 사람이 2명일 경우 연결하는 방법은 한 가지이다. 그러나 팩스를 1명이 더 구매하여 3명인 경우 연결 방법은 3가지로 늘어난다. 또 1명이 더 추가되어 4명인 경우에는 방법이 6가지로 늘어난다. 이러한 논리로 네트워크 가치가 사용자 수의 제곱에 비례하여 증가한다. N이 1,000에서 10,000으로 10배 증가하는 경우 네트워크 가치는 100배 증가한다.

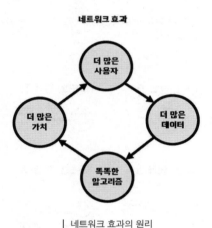

| 네트워크 효과의 원리

같은 논리가 전화기에도 적용이 된다. 1900년대 미국 전화전신회사(지금은 AT&T)의 회장이었던 시어도어 베일은 연례 보고서를 통해 네트워크 효과의 핵심 개념에 대해서 다음과 같이 언급했다.

"전화선과 연결되지 않은 전화기는 장난감도 아니고 과학기구도 될 수 없다. 그런 전화기는 세상에서 가장 쓸모없다. 그 가치는 다른 전화기와 연결에 달려 있으며, 연결 수에 따라 증가한다"

네트워크 효과는 웹이 탄생하면서 속도가 빨라졌다. 그리고 모바일이 나오면서 가속화되었다. 아마존이나 페이스북은 네트워크 효과를 이해하고 각자 비즈니스에 맞게 적용했다. 페이스북은 일정 규모 이상의 사람들이 찾아와야 의미가 있다. 또한 찾아온 사람들이 떠나지 않아야 계속 성장할 수 있었다. 다른 사람을 만날 수 없다면 왜 페이스북에 방문하겠는가? 연결되지 않은 페이스북은 연결되지 않은 전화기처럼 쓸모없다. 그래서 페이스북은 당장 매출에 도움이 되지 않는 무료 사용자들을 모아서 서로 만나도록 하는 데 주력했다.

· 테슬라는 네트워크 효과가 있는가?

테슬라는 전기차를 만드는 회사이다. 맞는 말이다. 하지만 그렇지 않기도 하다. 테슬라는 네트워크를 만드는 회사라고 이야기해야 본질을 볼 수 있다. 서울대학교 경영대학원 노상규 교수는 테슬라는 배움의 네트워크[1]이며 오퍼레이트 에스 어 네트워크(Operate as a Network)이다 라고 설명한다. 즉 하나의 차가 데이터를 통하여 습득하고 배우면 다른 차도 역시 다른 자동차에서 배운 내용을 적용하여 배우게 된다는 것이다. 테슬라는 사용자를 통해 배운다. 더 많은 사용자가 참여할수록 프로덕트 성능이 더 좋아진다. 테슬라는 네트워크 효과가 있는 자동차 회사이다.

---

1   https://organicmedialab.com/2023/02/09/tesla-as-organic-business/

2. 세계를 재편한 3가지 법칙

"21세기 스타트업이 알아야 할 가장 중요한 법칙"
#라디오협회 #이더넷표준창안자 #MIT

지난 수십 년간 스타트업 혁신과 성장 기회를 가져다준 법칙이 있다는 것을 아는가? 아래에 소개하는 3가지 법칙이 바로 성장과 혁신의 뼈대가 된 법칙이다. 다만 네트워크 법칙은 과학 법칙은 아니다. 중력 법칙이 과학적으로 입증된 법칙인 것과는 다르다. 이 3가지는 다양한 유형의 네트워크 간의 관계와 네트워크 가치를 설명하는 수학 개념이다. 그렇지만 많은 사람들이 수십 년간 언급하고 있기 때문에 중력 법칙과 같이 법칙이라고 부르고 있다. 즉, 디지털 시대의 중력 법칙이라고 할 수 있다. 이제 3가지 법칙을 알아보도록 하자.

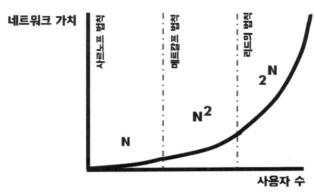

| 세상을 변화시킨 3가지 법칙

· 사르노프의 법칙

　세상을 변화시킨 첫 번째 네트워크 법칙이다. 데이비드 사르노프 (David Sarnoff)는 1919년부터 1970년까지 미국 라디오협회(NBC 창설) 를 이끌었던 방송 시대 라디오 및 TV의 거장이었다. 이 회사는 그 기간 동안 세계에서 가장 큰 네트워크 중 하나였다. 사르노프는 자신의 네트 워크 가치가 네트워크 규모에 직접적으로 비례하여 증가한다는 사실을 알게 되었다. 그림에서 표시한 N은 네트워크 총사용자 수이다. 결과적 으로 사르노프의 네트워크 가치 설명은 적은 수의 중앙 노드가 많은 수 의 노드에 방송하는 네트워크에 대하여 정확히 설명해 주었다. 라디오 나 텔레비전과 같이 단방향으로 전달하는 전통 미디어가 대표적인 사 례이다.

· 메트칼프의 법칙

일명 '네트워크 효과'라고 불리는 법칙이다. 메트칼프(Metcalfe)의 법칙은 '네트워크의 가치는 구성원 수의 제곱에 비례하여 증가한다'는 법칙이다. 이 개념은 1980년 이더넷 표준 창안자 중 1명인 로버트 메트칼프(Robert Metcalfe)에서부터 시작한다. 메트칼프의 법칙은 네트워크 노드 간 링크 수가 수학적으로 N2(N은 노드 수)의 비율로 증가하여 성장한다. 원래 이 법칙은 이더넷, 팩스, 전화 네트워크와 같은 통신 네트워크를 설명하기 위해 만들어졌다. 그래서 용어에는 통신 같은 기술적인 냄새가 여전히 난다. 그러나 이후 인터넷이 등장하면서 소셜 네트워크와 마켓플레이스 등 디지털 세상을 설명하는 법칙으로 발전했다.

· 리드의 법칙

이 법칙은 네트워크 효과 이론을 한층 더 발전시킨다. 리드(Reed)의 법칙은 1999년 MIT 데이비드 리드(David P. Reed)에 의해 발표되었다. 리드는 '네트워크 크기의 제곱에 비례하여 증가'하는 메트칼프 법칙에 '그룹 형성' 개념을 추가하였다. '그룹 형성을 허용하는 네트워크'는 다른 네트워크보다 훨씬 빠르게 성장한다는 법칙이다.

리드에 따르면 그룹 형성 네트워크는 2의 N승의 비율로 가치가 증가한다. 여기서 N은 네트워크의 총노드(사람 또는 사물) 수이다. 대부분의 온라인 네트워크는 그룹 형성을 허용하기 때문에 리드의 법칙을 적용할 수 있다. 리드의 법칙은 네트워크 사용자에 기반을 두어 네트워크

가치를 계산하는 점은 메트칼프의 법칙과 같지만, '그룹'을 중요하게 생각한다는 점에서 차이를 보인다. 따라서 메트칼프 법칙에 비해서 리드의 법칙은 성장 그래프가 훨씬 가파르다.

· 21세기에 가장 중요한 법칙

만일 21세기 스타트업이 알아야 할 가장 중요한 법칙을 한 가지 뽑으라고 한다면 메트칼프의 법칙 즉, '네트워크 효과(Network Effect)'일 것이다. 그리고 리드의 법칙은 네트워크 효과를 더 폭발적으로 만든다. 리드의 법칙이 프로덕트에 적용되면, 네트워크 그룹의 하위 그룹들이 많이 생성되고 그 그룹들이 서로 협업을 한다. 그래서 성장의 가능성은 더 높아지게 된다.

여기서 협업이란 단순히 연결하여 소통하는 의미 이상이다. 개별적인 사람들이 개별적으로는 이루어 낼 수 없는 일을 네트워크를 통해서 창조하는 일이다. 협업을 통해 네트워크는 단순히 연결되어 소통하는 것을 넘어 구체적인 비즈니스의 결과로 이어진다. 오늘날의 카카오톡, 쿠팡, 배달의민족, 토스를 통해서 비즈니스의 가능성이 확인되는 이유이다.

지금까지 설명한 3가지 법칙으로 네트워크 효과의 기초를 쌓았다. 개인이나 기업들은 네트워크 시대에 돈과 부동산과 같은 자산뿐 아니라 연결된 네트워크라는 네트워크 자본(Network Capital)을 가질 수 있다. 네트워크 자본은 사르노프 법칙을 시작으로 메트칼프의 법칙, 리드의

법칙까지 순차적으로 발전한다. 그리고 이 법칙들을 복합적으로 발전
시킬 때 불가능을 가능으로 만들어 주는 도구가 되는 것이다.

3. 왜 네트워크 효과는 스타트업에 필수인가?

"경험을 더 가치 있게"

#스레드 #라이브클래스 #테슬라

네트워크 효과는 세상을 돌아가게 만드는 숨겨진 법칙이다. 그렇지만 네트워크 효과를 처음 듣는 사람도 많다. 일을 하다 보면 근본적인 원리보다는 당장 급한 돈, 채용, 에러, 매출 등의 업무가 밀려온다. 또한 하루 방문자, 회원가입 통계가 더 급한 일이다. 그러나 분명한 점은 네트워크 효과는 스타트업 프로덕트 경험을 더 가치 있게 만들어 주는 비즈니스 메커니즘이라는 사실이다.

지금은 새로운 프로덕트를 출시하는 일이 놀라울 정도로 쉽다. 오픈소스, 클라우드 서버, SaaS(Software as a Service) 덕분이다. 하지만 그와 동시에 기능을 복사하는 일도 쉬워졌다. 결과적으로 만들기는 쉬워졌으나 성장시키기와 지키기가 어렵다. 한 조사[2]에 의하면 네트워크 효

---

2   벤처캐피털 NFX는 네트워크 효과의 중요성을 조사하는 과정에서 이 통계를 정리하여 발표했다.

과는 1994년 이후 기술에서 창출된 모든 가치의 70%를 차지한다. 또한 네트워크 효과는 디지털 세계에서 가장 효과적인 방어 수단이기도 하다. 스타트업에게 네트워크가 중요한 이유를 조금 더 살펴보도록 하자.

· 자발적인 참여

네트워크 효과는 사용자를 행동하게 만든다. 그래서 자발적인 참여를 만들 수 있다. 물론 사용자 참여는 광고나 프로모션 활동의 결과는 아니다. 일단 네트워크 효과가 발생하면 사용자는 특정 프로덕트를 자발적으로 사용하고 참여하게 된다.

프로덕트 마케터들은 사용자를 자사 프로덕트로 유입하기 위해 혼신을 다한다. 그러나 처음 하는 일은 대부분 경품지급이나 광고 같은 활동이다. 이 같은 활동은 비용이 들고 중단하면 트래픽도 함께 사라진다. 줄어든 트래픽을 확인한 후에야 어떻게 사용자들이 자발적으로 참여하도록 할지에 대해서 관심을 가지게 된다. 따라서 네트워크 효과는 다양한 마케팅 활동의 최종적인 답이 된다.

· 고객생애가치

네트워크 효과는 사용자를 유도하여 고객생애가치(Customer Lifetime Value)를 끌어올린다. 여기서 고객생애가치란, 1명의 고객이 다른 경쟁 업체 프로덕트를 구입하거나 해당 프로덕트 사용을 중단하거나 사망하기 전까지 그 고객으로부터 벌어들이게 되는 총액이다. 국내 대기업이 임원과 팀장에게 지속적으로 강조하는 것 중의 하나이다. 네트워크 효과는 프로덕트 사용 기간과 참여횟수를 늘리기 때문에 고객생애가치도 그만큼 증가한다. 결국 회사 가치를 올리는 데 효과적인 방법이다.

신용카드의 경우를 생각해 보자. 신용카드의 고객생애가치는 높다. 한번 만들면 수년 또는 수십 년을 사용한다. 따라서 신용카드 회사는 신규 고객 확보 비용을 계산하는 방식이 일반 기업과는 다르다. 카드 하나를 만들기 이벤트에 공짜 선물, 항공권, 심지어 카드 즉시 발급 사용자에게 현금까지 지급하는 이벤트를 벌이는 이유는 이 때문이다. 신용카드의 고객생애가치가 높기 때문에 일반 프로덕트와 달리 이해할 수 없는 과한 경품을 제공한다. 신용카드사의 과한 가입 선물 비용은 결국 다시 수익으로 돌아오게 되기 때문이다.

· 유료화

부분 유료화는 프로덕트 수익모델의 한 종류이다. 특징으로는 사용자들이 지속적으로 참여하기 전까지는 유료화를 서두르지 않는다는 것이다. 프로덕트를 사용하는 습관이 생기고, 참여가 일상이 되면 사용자를 유료 고객으로 전환하기 훨씬 쉽기 때문이다. 이 방법은 처음에는 게임 산업에서 사용하였지만 이후 일반적인 커뮤니케이션 서비스나 소셜 네트워크 서비스에서도 동일하게 작동하게 되었다.

카카오톡 이모티콘은 유료 아이템으로 의사소통에 꼭 필요하지는 않지만 사용자들은 더 활발한 소통을 위해 구매하고 있다. 에버노트나 노션 같은 협업툴도 많은 기능을 무료로 사용 가능하지만 다른 사람들과 공동 사용이 필요한 기능은 유료로 제공한다. 서비스 사용시간이 늘어나면 사용자의 지불 의사도 늘어난다. 에버노트는 사용 33개월째에는 11%가 유료로 전환했고, 42개월째에는 26%가 무료서비스를 유료로 전환하여 사용했다고 공개한 바 있다.

· 바이럴

네트워크 효과는 사용자가 계속해서 프로덕트에 참여하도록 만들어 줄 뿐만 아니라, 친구들에게 그 프로덕트를 이야기하는 특징을 보여준다. 사용자가 자발적으로 홍보에 참여하게 되면 기업은 별도 마케팅 예산이 없어도 된다. 사용자 참여도가 높은 프로덕트는 역시 바이럴도 함께 일어날 확률도 높아지게 된다.

지식 비즈니스 플랫폼 라이브클래스(LiveKlass)를 운영 중인 ㈜퓨쳐스콜레의 2023년 상반기 거래액이 2022년 연간 거래액을 넘어섰다. 2023년 상반기 거래액은 25억 원이며, 작년 거래액은 23억 원 규모였다. ㈜퓨처스콜레의 신철헌 대표는 시장이 어려워 광고비용을 3/4으로 줄였지만 유료 사용자는 오히려 3배가 증가했다고 발표했다. 이유는 시장 환경이 위축되어 마케팅 비용은 줄었지만, 바이럴로 인해 사이트 방문자가 늘어났기 때문이라고 원인을 분석[3]했다.

테슬라는 처음부터 바이럴을 잘 활용하는 기업이었다. 자동차 제조업체들은 브랜드 이미지 관리를 위해 매년 큰 예산을 할당한다. 반면 테슬라는 광고나 판촉 활동으로 비용을 지출하지 않는다. 대신 일론 머스크의 SNS가 언론과 사용자들 간에 전파되어 광고 역할을 대신한다. 광고를 하는 대신 그 비용을 연구개발 비용으로 사용하는데, 그 규모는 경쟁사들 수준을 압도하기 때문에 자연스럽게 프로덕트 경쟁력으로 이어질 수밖에 없다. 2020년 포드와 도요타가 자동차 1대당 마케팅 비용에 각각 1,186달러, 1,063달러를 투자하는 동안 테슬라는 2,984달러를 R&D에 사용한 것이 조사되었다.[4]

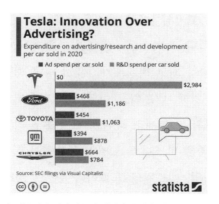

| 테슬라와 경쟁 자동차 회사의 마케팅 비용 집행 비교

---

3 신철헌 대표는 그의 페이스북을 통해 지표를 공유했다.

4 Source: SEC fillings via Visual Capitalist

· 경쟁력 상승

경쟁자보다 더 좋은 프로덕트를 만들면 사용자들이 열광적인 반응을 할 것이라고 예상한다. 그러나 프로덕트가 좋다고 해서 항상 성공하지 않는다. 만일 스타트업이 프로덕트로 성공하려면 경쟁자보다 조금 나은 프로덕트가 아닌 10배 정도 뛰어나야 한다. 반면 네트워크 효과가 있는 프로덕트는 다르다. 프로덕트가 사람 또는 기기와 연결되어 있다면 경쟁 프로덕트로 바꿀 가능성은 낮아진다. 네트워크가 프로덕트에 주는 연결 가치들은 사용자들이 다른 곳으로 옮겨가지 못하게 붙잡기 때문이다.

디지털 분야의 세계적인 베스트셀러들은 기업 성공 요소들을 분석하여 독자들에게 성공법을 소개한다.

유명한 스타트업 고전인《제로 투 원》저자 피터 틸은 독점 기업의 4가지 특징을 소개한다. 독자 기술, 네트워크 효과, 규모의 경제, 브랜드 전략이다. 실리콘밸리 최고 비밀 7가지를 소개한 해밀턴 헬머는《세븐 파워》에서 규모의 경제, 네트워크 이코노미, 카운터 포지셔닝, 전환비용, 브랜딩, 독점자원, 프로세스 파워를 소개했다. 리드 호프먼은《블리츠스케일링》에서 좋은 비즈니스 모델의 공통적인 특징을 뽑았다. 시장 규모, 유통, 매출이익, 네트워크 효과이다.《콜드 스타트》의 저자인 앤드루 첸은 억만 사용자를 만든 프로덕트의 공통 DNA 한 가지는 네트워크 효과라고 주장한다. 네트워크 효과는 성공한 기업의 공통점이다.

· 다른 네트워크로 확장

　프로덕트 수명이 다하면 네트워크 효과는 사라질까? 그렇기도 하고 아니기도 하다. 프로덕트가 소멸하면 네트워크 효과는 다른 네트워크로 확장하는 데 활용되기 때문이다. '페이스북'과 '인스타그램' 모기업인 메타가 2023년 7월 초 출시한 소셜미디어 플랫폼 '스레드(Threads)'가 대표적인 예이다.

　마크 저커버그 메타 CEO가 경쟁사 X(트위터)를 능가하겠다는 목표를 밝힌 지 1시간 만에 가입자는 100만 명을, 5일 만에 1억 명을 돌파했다. 원인은 다양하다. 분석가들은 기존 인스타그램 로그인을 활용, 인스타그램 친구 초대, 새로운 프로덕트 매력 등을 나열했다. 스레드 성공 여부에 대한 평가와는 별개로 이런 놀라운 초기 성과를 보여줄 수 있는 이유가 있다. 한마디로 이야기한다면 인스타그램에 구축된 '20억 명 네트워크를 활용한 덕분'이다.

　이쯤 되면 네트워크 프로덕트를 소유한 기업의 힘을 알 수 있다. 이것이 매출과 이익이 동일하더라도 더 높은 기업 가치로 평가되는 이유이다. 그러므로 기업들은 네트워크 효과를 내는 프로덕트를 만들고자 하며, 똑똑한 투자자들은 그런 기업에 투자하려고 한다.

4. 네트워크 프로덕트의 탄생에서 확장까지

"사용자 간의 연결과 상호작용을 통해 가치가 증가하다"
#기능형 #브랜드형 #참여형 #네트워크형

사용자가 선택하는 프로덕트는 지난 수십 년간 변화해 왔다. 프로덕트를 만들기 어려운 시절에 중요한 사항은 기능이었다. 그러나 기술 발전과 사회생활 수준이 높아지면서 기능이 좋은 프로덕트는 넘쳐난다. 결국 프로덕트로서 경쟁우위를 갖지 못하게 되었다. 이제 사용자들은 프로덕트를 사용하면서 연결하기를 원한다. 브랜드에 열광하거나 일부분에 참여하는 행동을 넘어선다. 프로덕트를 통해 사용자가 연결되고 사용자가 더 많이 참여할수록 가치가 높아지는 프로덕트에 열광한다.

파워포인트의 경우를 살펴보자. 과거에는 파워포인트의 슬라이드 제작 기능에 열광했다. 기능이 좋았기 때문에 호평을 받았지만, 지금은 공동으로 제작하고 코멘트를 남기는 기능으로 발전했다. 엑셀이나 워드 프로세스 경우도 마찬가지로 혼자 사용하는 기능이 아니라 서로 공유하고 함께 작성하는 툴이 되었다. 학생들이나 직장인들도 이 기능이 없으면 불편할 정도로 사용자들 생활 속에 깊숙이 들어와 있다.

프로덕트 개념의 변천

| 프로덕트의 특징과 발전과정

그렇다면 네트워크와 연결된 프로덕트는 그렇지 않은 프로덕트와 어떤 차이가 있을까? 네트워크 프로덕트를 만들고자 한다면 우선 다음 6가지 질문으로 점검할 수 있다. 질문에 어떤 대답을 해야 할지 찾는 것이다.

1) 프로덕트 사용자 경험은 무엇인가?

2) 프로덕트 초창기는 왜 불확실한가?

3) 프로덕트 기능은 어떤 역할을 하는가?

4) 프로덕트 사용자 가치는 어떻게 증가하는가?

5) 프로덕트 성립조건은 무엇인가?

6) 프로덕트 확산 주체는 누구인가?

· 사용자 경험

네트워크 프로덕트는 일반적인 프로덕트 경험과 근본적으로 다르다. 네트워크 프로덕트는 사용자가 서로 함께하는 경험을 가능하게 해주기 때문이다. 반면 기존 프로덕트는 사용자 혼자 소프트웨어를 사용하는 것에 중점을 둔다. 네트워크 프로덕트는 사용자가 많아짐에 따라 더 성장하고 가치가 높아지지만, 기존 프로덕트는 더 좋은 기능을 개발하거나 더 많은 콘텐츠를 제공해야 성장한다. 따라서 네트워크 프로덕트는 어떤 사용자 경험을 줄 것인지 찾아야 한다.

· 초창기

트위터나 줌 같은 프로덕트는 기능이 단순하다. 단순해서 사소해 보인다. 따라서 많은 사람들로부터 프로덕트라기보다는 단순한 기능이라고 비판받았다. 그렇지만 사용자들이 늘어남에 따라 이들 프로덕트에서는 사용자들이 새로운 경험을 하게 된다. 실제 기존 프로덕트들이 네트워크 프로덕트에 비해서 더 훌륭한 기능을 보여주어도 경쟁에서는 네트워크 프로덕트가 이긴다. 더 좋은 기능이지만 사용자가 모이지 않는 이유이다.

· 기능

네트워크 프로덕트는 사용자를 위한 기능 개선에 집중하지 않는다.

사용할 수 있는 힘을 네트워크에 있는 다른 것에 분산한다. 즉 구매자와 판매자 모두 필요한 정책에도 기능 개발만큼 힘을 쏟는다. 프로덕트가 드라마나 영화 같은 디지털 콘텐츠를 제공할 경우 콘텐츠 네트워크를 만들어야 한다. 그래서 시청자와 창작자를 위한 기능이 무엇인지 동시에 고려한다. 이런 이유로 네트워크 프로덕트에서는 균형을 잡기 위한 알고리즘이 대단히 중요하다.

알고리즘은 사용자가 서로를 찾고 연결하는 것을 도와준다. SNS 로그인 후 볼 수 있는 '알 수도 있는 사람'을 살펴보자. 90% 이상의 내 친구들이 친구를 맺고 있는 사람 중 내가 친구를 맺고 있지 않은 친구를 추천해 주는 원리이다. 알고리즘 설계자들은 그 비율을 90%로 할지, 80%로 할지를 테스트해 가면서 최적 비율을 찾는다.

· 사용자 가치

네트워크 프로덕트는 고객이 유입되었을 때 유입 고객당 가치가 기존 프로덕트와 다르다. 네트워크 효과가 없는 프로덕트라면 기존 고객 존재는 새로운 이용자에게 아무런 가치를 주지 않는다. 더 많은 고객 증가는 기존 고객과는 상관이 없다. 1명 사용자가 가입하게 되면 1명만큼만 가치가 증가하고, 결국 우리 프로덕트 회원이 몇 명이라는 결과 정도를 낼 뿐이다. 반면 네트워크 프로덕트는 사용자 1명이 유입되면 기존 사용자는 존재하는 것만으로 신규사용자에게 프로덕트 활용성을 제공한다. 연결될 대상이 많아지게 되고 더 다양한 추천을 받을 수 있다.

· 프로덕트 성립조건

네트워크 효과가 없는 프로덕트는 사용자가 1명만 있더라도 의미가 있다. 프로덕트를 판매하거나 콘텐츠를 시청하도록 하는 프로덕트는 1명의 사용자부터 의미를 갖는다. 온라인 쇼핑몰, 영화 콘텐츠를 제공하는 프로덕트는 1명만으로도 가치를 인정받는다.

반면 네트워크 프로덕트는 1명으로는 상품 가치를 증명하지 못한다. 최소한 2명이 되어야 가능하다. 온라인 화상회의 줌은 1명으로는 프로덕트를 사용할 수 없다. 그렇지만 1명이 더 추가되면 프로덕트 가치를 알게 된다. 나와 친구가 있어야 하는 카카오톡, 주문하는 사람과 식당이 있어야 하는 배달의민족, 파는 사람과 사는 사람이 있어야 하는 당근마켓은 모두 2명 이상이 필요한 네트워크 프로덕트이다.

· 확산 주체

네트워크 효과가 없는 프로덕트는 마케팅을 기업이 직접 한다. TV, 신문, 소셜미디어에 직접 광고를 집행한다. 물론 바이럴 효과가 나타나도록 사용자들의 입소문을 통해 다른 고객에게 전달하게 되지만 기본적인 마케팅은 기업이 직접 한다.

반면 네트워크 프로덕트의 확산 주체는 사용자들이다. 사용자가 다른 사용자를 초대한다. 초대하고, 참여를 유도하고, 다시 재방문하도록 하는 주체는 사용자들이다. 네트워크 프로덕트를 만드는 기업은 이를 활성화할 수 있도록 마중물을 제공하는 일을 하게 된다.

일반 프로덕트	VS	네트워크 프로덕트
혼자 사용	경험	함께 사용
화려함	초창기	단순함
고도화	기능역할	관계 연결
순차적 증가	가치	기하급수적 증가
사용자 1명	성립조건	사용자 2명 이상
팀 마케터	성장주체	연결된 사용자

| 네트워크 프로덕트와 일반 프로덕트 비교

　네트워크 프로덕트는 연결과 함께 시작된다. 연결을 통해 사용자 경험은 달라진다. 따라서 초창기 초라한 모습은 네트워크 프로덕트의 전형이라고 할 수 있다. 네트워크 프로덕트는 기능에 100% 힘을 쏟지 않으며 성장방식은 기하급수적이다. 네트워크 프로덕트는 혼자 사용하면 쓸모없다. 2명 이상이 있어야 프로덕트가 성립한다. 마케팅을 하고 사용자를 데려오는 주체는 내부 직원들이 아니라 사용자들이 된다. 그야말로 새로운 프로덕트의 탄생이다.

5. 네트워크 효과의 4가지 유형

"스타트업을 위한 에센셜"
#직접 #간접 #양면 #데이터

네트워크 효과는 처음에는 단순하다. 그러나 조금 더 깊숙이 들어가면 여러 용어와 법칙으로 그 종류를 구분한다. 종교 모임에서부터 개인의 인간관계까지 네트워크 효과를 볼 수 있다. 인터넷과 모바일이 적용되면서 그 형태는 다양해지고 있다. 뉴욕대 교수 아룬 순다라라잔(Arun Sundararajan)은 그의 웹사이트에서 비즈니스를 위한 네트워크 효과를 5가지[5]로 분류하고 소개한 바 있다. 또한 네트워크 효과가 있는 기업에 투자하는 벤처캐피털 NFX[6]도 이를 더 세분화하여 16가지[7]로 나누어 설명한다.

---

5 직접 네트워크 효과, 간접 네트워크 효과, 지역 네트워크 효과, 양면 네트워크 효과, 합성 네트워크 효과

6 NFX(엔에프엑스)는 네트워크 효과가 있는 기술 스타트업 분야만을 투자하는 벤처캐피털 회사이다.

7 https://www.nfx.com/post/network-effects-manual/

하지만 스타트업이라면 이런 모든 네트워크 효과를 조사하고 연구할 필요는 없다. 그럼에도 불구하고 네트워크 효과를 비즈니스에 적용하고자 한다면 '많은 사람들이 모일수록 가치를 창출한다'와 '아마존이 대표적인 사례이다'라는 말보다는 조금 더 깊게 알아야 한다. 왜냐하면 아마존에 적합한 원리가 스타트업에는 적합하지 않을 수 있기 때문이다. 따라서 여러 분류 중에서 스타트업이 꼭 알아야 할 4가지를 선정하여 소개하고자 한다.

· 직접 네트워크 효과

직접 네트워크 효과는 더 많은 사람들이 이용할수록 직접적인 가치 상승으로 이어진다. 직접 네트워크 효과를 설명하기 위한 좋은 사례는 앞서 설명한 미국 전화 통신회사 AT&T이다. 1908년 당시 AT&T 회장인 시어도어 베일(Theodore Vail)은 지역에서 더 많은 고객을 확보하게 되면 독보적인 경쟁력을 가진다는 것을 알았다. 주주들에게 보내는 연례 보고서를 통해 다음과 같이 설명했다.

> "동일한 커뮤니티에 있는 2개 전화 교환 시스템(통신회사)은 영속적인 지위를 누릴 수 없다. 교환 시스템(통신회사) 하나로 자신이 원하는 모든 사람에게 연락할 수 있다면, 그 누구도 또 다른 전화 교환 시스템을 사용할 필요가 없어질 것이다"

베일은 AT&T 가치 대부분이 전화 기술이 아닌 네트워크를 기반으로 성장해야 함을 알았다. 당시에는 혁신적인 통찰력이었다. 새 전화기 기술 수준이 기존 회사보다 우수하더라도 친구나 가족에게 전화를 걸 수 없다면 아무도 사용하지 않는다. 다시 말해, 신상품 전화는 좋은 품질을 제공한다고 할지라도 연결된 네트워크 가치를 주지는 못한다. 모두가 네트워크 효과를 원하지만 아무나 갖기 어려운 이유이다. 베일은 이렇게 말했다.

"전화기는 전화선으로 반대쪽 끝에 연결되지 않는다면 장난감이나 과학적인 도구도 되지 않는다. 전화기는 세상에서 가장 쓸모없는 프로덕트 중 하나가 된다. 그 가치는 다른 전화와 연결에 따라 달라지며, 연결 횟수에 따라 증가한다"

이것이 바로 직접 네트워크 효과이다.

| 1908년 당시 AT&T 연례 보고서

직접 네트워크 효과의 최근 예로는 페이스북, 위챗, 카카오톡 등 소셜미디어 서비스가 있다. 또한 비트코인, 이더리움 같은 암호화폐도 직접 네트워크 효과에 해당한다.

· 간접 네트워크 효과

네트워크 효과의 두 번째 종류는 '간접 네트워크 효과'이다. 간접 네트워크 효과란 프로덕트를 많이 사용할수록 보완재 소비를 촉진하고 다시 본래 프로덕트 가치를 높이는 효과이다. 예를 들어 마이크로소프트 윈도(프로덕트)의 경우 윈도 운영체제를 많이 사용할수록 윈도 기반 프로그램(보완재)을 더 많이 만들도록 한다. 그리고 윈도 기반 프로그램(보완재) 활성화는 결국 윈도 프로덕트를 사용할 수밖에 없는 환경을 만들게 된다. 애플 iOS나 구글 안드로이드도 모바일에서 윈도와 같은 원리가 적용된다. 운영체계(프로덕트)를 선택함으로 개발자들이 모바일 앱(보완재)을 구축하도록 한다. 결국 애플과 구글 모바일 플랫폼(프로덕트) 가치를 높이게 된다.

· 양면 네트워크 효과

2-Sided(양면성)는 수요자와 공급자라는 두 종류 사용자가 있을 때 생긴다. 이용하는 사용자들이 증가하면 그 네트워크에 참여하는 사용자 가치도 증가하는 효과다. 또한 그 반대도 동일하게 적용된다. 양면 네트워크가 있는 프로덕트를 '플랫폼'이라고 부른다. 플랫폼은 양면에

있는 사용자를 만나게 하고 그 대가로 수수료를 수익원으로 비즈니스 모델을 만들었다. 커머스 기업으로는 이베이, 알리바바, 아마존, 쿠팡이 대표적이며 미디어 영역에서는 구글이나 페이스북이 있다. 틴더나 오픈 테이블처럼 매칭을 위한 프로덕트도 이에 해당한다. 이들 모두 플랫폼 기업으로서 네트워크 효과가 핵심적인 성장 전략이 된다.

· 데이터 네트워크 효과

데이터 양이 많아질수록 프로덕트 가치가 높아지고, 그 프로덕트 추가 사용으로 데이터가 생성되면 데이터 네트워크 효과가 발생한다. 이것이 데이터 네트워크 효과이다. 데이터 네트워크를 통해 각 노드(사용자)는 중앙 데이터베이스에 유용한 데이터를 공급한다. 집계된 데이터가 누적됨에 따라 각 사용자 데이터 가치도 증가하게 된다. 그러나 데이터 네트워크 효과는 사람과 사람과의 연결에서 나오는 휴먼 네트워크 효과보다 그 힘이 약하다. 더 많은 데이터를 보유한다고 해서 그 크기가 반드시 가치로 해석되지 않으며. 데이터가 프로덕트 핵심이라 할지라도 더 유용한 데이터를 수집하는 일은 쉬운 작업은 아니기 때문이다.

그럼에도 불구하고 데이터는 다양한 방식으로 프로덕트 가치를 높일 수 있다. 데이터를 활용하는 활동이 프로덕트 핵심일 경우 해당 프로덕트 데이터 효과는 매우 강력하다. 반면 데이터가 프로덕트에 영향력이 미미할 경우 데이터 네트워크 효과는 중요하지 않다. 넷플릭스를 생각해 보도록 하자. 사용자에게 콘텐츠를 추천할 때 사용하는 알고리즘은 사용자가 그동안 시청한 시청기록 데이터를 기반으로 한다. 데이터를

48

활용한 추천 기능은 사용자들에게 새로운 콘텐츠를 보도록 도와준다. 하지만 한계는 분명히 있다. 콘텐츠 실제 가치는 TV 쇼, 영화 및 다큐멘터리 콘텐츠 그 자체에서 비롯되기 때문이다. 넷플릭스는 데이터 네트워크 효과 때문에 크게 성장하지 않는다는 의미이다. 같은 원리로 구글, 야후, IMDB 같은 프로덕트는 네트워크 효과가 없거나 약하다. 따라서 이런 종류의 기업은 데이터 네트워크 효과를 기대하기 어렵다.

6. 네트워크 효과의 기대와 배신 사이

"급격하게 성장하지만, 급격하게 붕괴하다"
#역네트워크효과 #싸이월드 #프리챌 #프렌스터

새로운 프로덕트는 대부분 사라진다. 가트너 그룹 시장조사에 따르면 2018년 시장에 출시한 모바일 앱 서비스 중 0.01% 만이 수익창출에 성공하였다. 10,000개 중 9,999개가 초기 생존에서 실패했다는 뜻이다. 동영상, 게임 커뮤니티, 미팅 앱 등이 출시되지만 초기에 사용자들은 오래 머물지 않는다. 재미가 있거나 사람들이 많지 않다면 곧 떠난다. 모바일 프로덕트가 이렇게 어려우니 네트워크 프로덕트는 당연히 이보다 더 어렵다. 다시 말해 대부분 스타트업은 네트워크 효과에 도달하기도 전에 문을 닫게 된다. 이유는 여러 가지가 있겠지만 그간 경험상 네트워크 프로덕트를 만드는 것을 어려워하는 데 이유는 다음과 같이 3가지이다.

첫째, 기하급수 성장방식을 올바르게 이해하지 못하기에 적용에도 어려움을 겪는다. 다른 성공한 기업이 특정한 앱으로 성공을 했으니 벤치마킹하여 같은 기능 앱을 만들기 시작하고 출시한다. 하지만 실적이 나지 않아 사업은 곧 종료된다. 프로덕트 초창기부터 점진적으로 성장하던 방식만 익숙하던 기업이 기하급수적으로 성장하는 방식을 이해하지 못한 것이다. 기하급수 방식 성장은 초기에 성장이 없다. 대신 네트워크를 구성하여 힘을 축적하고 이후 그 힘을 이용하여 폭발적으로 성장한다. 이 방식을 이해하지 못하면 네트워크 프로덕트는 성공하지 못한다.

둘째, 무료 정책이다. 기존 비즈니스 모델에서는 프로덕트 출시가 곧 수익이었다. 하지만 네트워크 프로덕트에서 비즈니스 모델은 서비스 모델과 수익모델로 나뉜다. 처음 무료서비스를 제공하고 이후에 수익 모델이 붙게 된다. 무한 복사가 가능한 디지털이기 때문에 가능한 이야기다. 네트워크 프로덕트 초기에는 대부분 요금을 부과하지 않고 제공하는데 검색, 메신저, SNS, 업무 협업툴 프로덕트가 그런 것이다. 하지만 전통기업은 이를 이해하지 못한다. 자원이 투입된 프로덕트를 무료로 제공하는 것이 익숙하지 않은 것이다.

셋째, 사용자 파트너화다. 네트워크 프로덕트에서 사용자는 일반 프로덕트 사용자와 차원이 다르다. 사용자가 영업사원이고, 프로덕트 테스터이며, 마케팅 홍보담당자 그리고 법무팀이 된다. 반면에 기존 프로덕트는 사용자는 사용자이며, 사용자가 직원 영역에는 들어오지 못한다. 내가 해야 할 일을 사용자에게 위임해 주거나 역할을 맡기지 않는다. 하지만 유튜브를 생각해 보자! 유튜브의 가장 큰 마케터는 크리에이터이다. 본인 계정의 유튜브로 사용자를 몰고 오는 일에 힘을 쏟는다. 다른 인플루언서와도 제휴, 협업을 한다. 테슬라의 경우 사내에 영업조직은 없다. 광고도 하지 않는다. 테슬라를 구매하는 고객이 곧 영업사원인 것이다. 이처럼 사용자 파트너화는 네트워크 효과를 기대하고 있는 스타트업이 당면한 과제이다. 이 문제를 해결할 실마리를 찾지 못한다면 최악의 경우에는 문을 닫아야 한다.

네트워크 효과는 기하급수적인 성장 효과를 가져다주기 때문에 어려움을 뚫고 나갈 가치가 있지만 급격한 성장만큼 급격하게 무너지는 경우[8]도 있음을 잊으면 안 된다. 2000년대 미국 프렌스터, 한국 프리챌, 싸이월드는 급격하게 성장했지만 또한 급격하게 하락하는 역네트워크 효과(Reverse Network Effect)를 경험하였다. 붕괴의 시작은 핵심 사용자들(일반적으로 허브라고 불림)로부터 시작되지만, 이후 더 많은 사람들의 탈퇴로 이어지게 된다. 이런 과거 사례들은 네트워크 프로덕트를 시작하는 것조차 두렵게 만든다. 하지만 다행스럽게도 이에 대한 해결책은 있다. 프로덕트가 성장하도록 해주며, 역네트워크를 극복하도록 해주는 '프로덕트 성장 프레임워크'이다.

---

8 David Garcia, Pavlin Mavrodiev, Frank Schweitzer, 〈Social Resilience in Online Communities: The Autopsy of Friendster〉, 2013. 2. (https://arxiv.org/pdf/1302.6109v1.pdf)

7. 프로덕트 성장 프레임워크 가이드

"탄생부터 한계 돌파까지"
#사용자형성 #프로덕트성장 #네트워크확장

　이론이 지속해서 세상에 영향을 주면 비즈니스가 된다. 네트워크 효과도 마찬가지로 다양한 비즈니스로 발전했다. 네트워크 프로덕트를 위한 프레임워크는 이 같은 발전과정에서 나타난 성장 원리를 비즈니스에 적용할 수 있도록 정리한 것이다. 프로덕트 발전과정에 따라 3가지 전략으로 구분한다. 3가지는 첫 출발을 위한 사용자 형성 전략, 성장을 위한 프로덕트 전략, 정체 돌파법을 알 수 있는 네트워크 확장 전략이다. 이 프로덕트 성장 프레임워크는 네트워크 프로덕트가 탄생하면서 성장하고 또한 포화를 맞이한 후 확장까지 전체 프로덕트 라이프사이클에 따라 순차적으로 구성한 것이다.

사용자 형성 전략

① 시작

② 도약

프로덕트 성장 전략

③ 참여

④ 바이럴

⑤ 수익화

네트워크 확장 전략

⑥ 확장

· 사용자 형성 전략

시작

처음으로는 네트워크 프로덕트 시작을 위한 스몰 네트워크를 소개한다. 프로덕트를 시작하는 단계에서 사용자 방문으로는 충분하지 않다. 사용자가 연결된 작은 단위인 스몰 네트워크를 만들 수 있느냐에 따라 성공적인 출발 여부가 결정된다. 시작 단계에서는 작은 단위의 네트워크인 스몰 네트워크를 만든다. 이것이 가능하기 위해서는 사용자를 만나야 한다. 이때 만나야 하는 사용자는 광고 플랫폼 타깃 광고 대상자보다는 창업가들 주변으로부터 시작한다. 따라서 핵심 사용자가 될 가능성이 높다. 이러한 스몰 네트워크를 만드는 것은 사실 성공한 네트워크 프로덕트의 공통된 시작이었다.

도약

네트워크로 초기 사용자를 유치하기 위한 사용자 전략이다. 다만 처음부터 무조건 많은 사용자보다는 핵심적이고 끈끈한 관계를 맺을 수 있는 사용자에 집중한다. 네트워크 프로덕트가 확산되는 배경에는 높은 밀도와 친밀한 관계가 있다. 친밀한 관계는 다시 말하면 강한 사용자와 관계이다. 이 단계 목표는 프로덕트를 사용하는 것을 넘어 애정을 가진 사용자를 만나고 다른 사용자를 초대하는 것이다.

· 프로덕트 성장 전략

참여

참여는 사용자를 머물게 하는 방법이다. 참여는 성장 사이클 3가지 요소인 참여, 바이럴, 수익화 중에서 첫 번째 요소이다. 참여는 이후 바이럴, 수익화로 연결된다. 이 3가지는 각 단계에서 다음 단계로 순환하는 하는 것을 목표로 한다. 참여하는 연결고리가 프로덕트에 마련되지 않으면 바이럴로 들어오는 사용자가 참여자로 남기 어렵다. 따라서 바이럴을 설계하기 이전에 반드시 참여하기 위한 장치가 마련되어야 한다.

바이럴

바이럴은 다른 사용자를 데려오는 것이다. 프로덕트 가치를 인정하고 호감을 보인 사용자들은 다른 사용자를 데려온다. 바이럴은 네트워크 효과는 아니지만 바이럴을 통해 네트워크 프로덕트의 효과를 누릴 수 있다. 바이럴 방법은 크게 2가지이다. 첫째는 네트워크 프로덕트 자체에 사용자 공유를 유도하는 기능을 마련하는 것이다. 또 하나는 기업

내부에서 홍보 마케팅팀이 주체가 되는 것이다. 사용자들과 커뮤니케이션하는 과정에서 이슈가 될만한 콘텐츠를 발굴하여 첫 번째가 확산되도록 돕는다.

수익화

수익화는 프로덕트에 머물기 시작한 사용자들을 시간이 지남에 따라 수익으로 전환되도록 하는 것이다. 프로덕트에서 사용자 활동은 무료 서비스에서 수익전환까지이다. 또한 수익화의 핵심은 프로덕트를 중심으로 한 네트워크가 커짐에 따라서 수익으로 연결되는 트래픽도 같이 늘어나도록 하는 것이다.

· 네트워크 확장 전략

확장

모든 프로덕트는 성공적인 시작에도 불구하고 정체되며 결국 쇠퇴기를 맞이한다. 확장은 쇠퇴기를 맞이하기 전에 제2의 성장을 만들기 위한 방법이다. 네트워크 프로덕트 특징에 맞게 확장하는 9가지 전략을 소개한다.

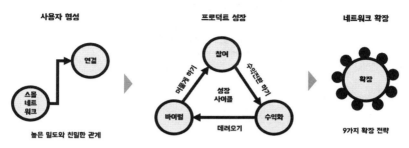

| 프로덕트 성장 프레임워크의 구조

　'프로덕트 성장 프레임워크'는 사용자 형성, 프로덕트 성장, 네트워크 확장 3가지 전략을 실천하는 방안이다. 이 프레임워크를 자세히 살펴보면 이미 디지털 시대 이전부터 종교생활, 기업, 가족, 사회 공동체 생활을 하는 과정에서 발견된 성장 원리들이라는 것을 알 수 있다. 또한 PC 통신 시대, 웹 시대, 모바일 시대를 넘어 인공지능 시대에서도 동일하게 적용된다. 즉 일시적으로 사라지는 것이 아닌 변함없는 성장에 관한 방법이다. 다음 장에서부터 각 단계별로 한 가지씩 살펴보도록 하자.

네트워크 효과 에센셜 1.
간단한 역사

수천 년 전에도 구매자와 판매자가 모이는 시장이 있었다. 그리고 더 많은 구매자와 더 많은 판매자가 올수록 시장은 활력이 넘치고 더 많은 물건을 판매할수록 가격도 저렴해졌다. 모두가 더 많은 가치를 얻을 수 있었다. 그래서 더 많은 사람들이 찾아오게 되었다. 이처럼 세상에는 항상 네트워크 효과가 있었다. 네트워크 효과의 이해를 위해서 간단한 역사[9]에 대해서 살펴보도록 하자.

네트워크 효과의 실제 사례는 1908년 미국의 통신 기업 AT&T에서 찾을 수 있다. 더 많은 사람들이 전화를 사용할수록 전화의 가치는 높아지고 AT&T의 가치는 높아지는 것을 설명한 것이다. AT&T 회장의 말은 네트워크 효과를 비즈니스에서 공식적으로 사용한 첫 기록이다.

이후 1970년대 초 장거리 전화를 사용하는 환경에서 처음으로 연구[10]가 진

---

9 James Currier, Angel Investor and Expert on network effect. (https://www.nfx.com/masterclass/network-effects/network-effects-mission-critical)

10 https://www.jstor.org/stable/3003090?seq=1

행되었고, 이후 마이크로소프트가 우연히 양면 플랫폼 네트워크 효과라고 부르는 운영체제 플랫폼 네트워크에 뛰어들었다. 더 많은 사람들이 OS를 사용할수록 더 많은 사람들이 OS를 기반으로 소프트웨어를 개발하여 이미 해당 OS(윈도)를 사용하고 있는 사람들의 시장에 접근할 수 있었기 때문에 지속적인 성장을 보여주었다. 그리고 그 OS(윈도) 위에 더 많은 소프트웨어가 개발될수록 더 많은 사람들이 그 OS(윈도)를 채택하기를 원했다.

1998년 마이크로소프트는 네트워크 효과로 막강한 영향력을 행사하고 있었고, 모든 경쟁업체는 이들과 경쟁할 수 없다고 판단하고 있었다. 미국 법무부는 마이크로소프트가 일종의 독과점처럼 보이기 시작하자 이를 해체하기 위해 조사를 시작했다. 그때 학자들은 네트워크 효과에 대한 논문과 글을 쓰기 시작했다. 주제는 도대체 무슨 일이 벌어지고 있는 것인지? 이 회사가 왜 그렇게 강력한 것인지에 대한 것이었다. 하지만 법무부가 마이크로소프트를 해체하지 않기로 결정하자 네트워크 효과에 대한 연구도 많이 중단되었다.

하지만 다시 주목받기 시작한 인터넷 덕분에 1994년부터는 데이터로 네트워크 효과를 측정하고 확인할 수 있게 되었다. 그리고 다양한 유형의 네트워크 효과를 가진 수많은 사업 모델을 구축할 수 있게 되었다. 그래서 2001, 2003년에 학계에서는 다시 네트워크 효과를 본격적으로 연구하기 시작한 사람들이 나타났다.

2010년대 초반에는 아마존, 페이스북처럼 네트워크 효과를 통해 지배력을 행사하는 기업이 성장하면서 네트워크 효과에 대해서 많이 듣게 되었다. 출판과 언론에 많이 등장했기 때문이다. 그래서 이 책의 내용처럼 기업이 네트워크 효과를 실제로 프로덕트 성장을 위한 도구로 사용할 수 있게 된 것이다. 이런 일은 수십 년 전부터 시작되었고 최근에는 웹3 트렌드 덕분에 가속도가 붙기 시작했다.

2016년에 주목하기 시작하여 2021년까지 네트워크의 세부적인 구조가 많이 밝혀지고 방법론화되었다. 이 책에서 필자가 네트워크 효과를 조목조목 이야기할 수 있는 것도 그간의 이런 연구 덕분일 것이다. 인터넷은 막연하던 현상을 데이터화하여 그 동작하는 방식을 볼 수 있게 해주었다. 그리고 이제 웹3까지 등장했다. 암호화폐가 발생했고, 분산된 네트워크라는 가치 덕분에 더 많은 현상을 공개된 데이터 흐름을 통해 볼 수 있게 되었다. 1850년대에 자본주의가 등장했을 때에는 규모의 효과 제조업, 노동자와 프롤레타리아트에 대한 많은 논쟁과 발표가 있었던 것처럼 새로운 비즈니스 모델이 발견되었을 때 새로운 언어가 등장한다. 이제 네트워크 효과에 대해서도 같은 일이 일어나고 있다고 볼 수 있다.

2장

(론칭: 세상에서 가장 현명한 출발)

시장 진입의 첫 단추

비즈니스에서 왜 네트워크 프로덕트가 중요한지 알게 되었을 것이다. 이
제는 프로덕트를 사용자에게 알려야 할 시간이다. 그러나 우리는 여기서
막막해진다. 네트워크 프로덕트를 어떻게 론칭해야 하나? 이번 장에서는
이 질문에 대한 답을 찾아보자.

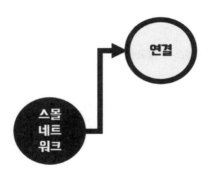

높은 밀도와 친밀한 관계

1. 스몰 네트워크, 큰 성공의 시작

"쉽고 빠르고 실용적인 성장법"
#캐시노트 #여의도순복음교회

> "론칭한 첫날 페이스북 광고를 시작했고 첫날 6,000원을 썼어요.[11] 광고 세
> 팅하고 이미지 올리고요. 6,000만 원이 아니고 6,000원이요. 간이 작아서
> 이후 하루에 만 원, 2만 원씩 광고비를 썼어요. 첫 달에 사용한 마케팅비가
> 100만 원도 안 됐죠"

이 말은 지금은 200만 소상공인이 사용하는 캐시노트 창업자 김동호
대표의 고백이다. 1조 기업 가치를 향해 달리는 성공한 창업가에게도
시작할 당시에는 두려움이 찾아온다. 그렇다면 두려움을 떨쳐버릴 방
법이 있는 것일까? 필자가 성장을 주제로 스타트업을 만날 때, 이런 질
문을 자주 받게 되는데, 그때마다 주저하지 않고 스몰 네트워크를 소개
한다. 스몰 네트워크를 정의하면 네트워크가 탄생할 때 볼 수 있는 '가

---

11 성호철 · 임경업, 《창업가의 답》, 포르체, 2021, 김동호 대표 인터뷰 중에서

장 작은 독립적인 네트워크 단위'라고 할 수 있다. 스몰 네트워크[12]는 네트워크 프로덕트가 적은 비용으로 최대 효과를 낼 수 있도록 해준다. 쉽고, 빠르고, 실용적인 방법이다. 또한 디지털이 등장하기 이전부터 네트워크 효과가 만들어지는 첫 번째 방법이기도 하다.

지금은 세계 최대 개신교회가 된 여의도순복음교회의 성장 과정에서도 스몰 네트워크의 중요성을 알 수 있다. 고 조용기 목사는 2004년 《크리스찬월드리뷰》와 인터뷰에서 다음과 같이 이야기했다.

> "나는 여의도순복음교회를 세계에서 가장 큰 교회이자, 가장 작은 교회라고 말하고 싶다. 우리 교회의 교인 수는 75만 명 이상이기 때문에 세계에서 가장 큰 교회이다. 그러나 우리 교회는 또한 모든 교인이 15명 이하로 구성되어 있는 구역의 한 부분이기 때문에 세계에서 가장 작은 교회라고 할 수 있다"[13]

조용기 목사는 그의 저서 《희망목회 45년》에서 작은 구역조직이 성장의 중요한 역할이었다고 강조한다. 오프라인에서는 구역, 셀, 소그룹 등의 여러 가지 용어로 사용되고 있지만 결국 이들은 이 책에서 다루는 스몰 네트워크라 하겠다. '가장 작은'의 기준은 얼마일까? 성격에 따라 조금씩 다르겠지만 여의도순복음교회는 최대 15명이라고 했다. 그 인원만으로 목적하는 바를 이룰 수 있어야 한다. 15명으로 교회가 된다는 것인가? 그렇다고 할 수 있다. 스몰 네트워크는 크기는 작지만 강한 관

---

12 앤드루 첸이 미디엄 블로그를 통하여 atomic network라는 개념을 소개한 바 있다. 스몰 네트워크를 이를 참고하여 실용적인 방법으로 구성하였다. (https://tinyurl.com/2p99mnyn)

13 《크리스찬월드리뷰》〈가장 작은 구역조직에서 가장 큰 교회가 되기까지〉(http://www.christianwr.com/news/articleView.html?idxno=9082)

계를 맺는다. 이후 스몰 네트워크를 또다시 만들고 서로 연결이 되면서 네트워크를 성장시켜 준다.

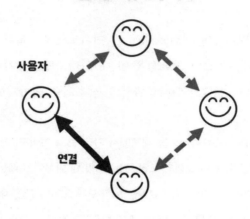

스몰 네트워크의 시작

사용자

연결

· 4가지 구성요소

스몰 네트워크에 대해 이해했다면 이제부터 스몰 네트워크를 만드는 법을 알아보도록 하자. 네트워크는 노드(사람, 사물)와 링크(연결)를 뜻한다고 말한 바 있다. 네트워크가 노드와 링크로 구성되어 있는 것처럼 스몰 네트워크가 만들어지기 위해서는 노드와 링크가 활성화되어야 한다. 그리고 이를 처음 시작하게 만들어 주는 장소와 마중물이 추가되어야 한다.

> **스몰 네트워크를 위한 4가지 구성요소**
>
> ① 최적의 장소
>
> ② 사람들(노드)
>
> ③ 행동(링크)
>
> ④ 마중물(촉진제)

최적의 장소

첫 번째는 최적의 장소를 찾는 것이다. 배달이나 택시 앱처럼 오프라인과 연계된 네트워크 프로덕트라면 시작 장소가 필요하다. 그렇다면 장소와 상관없는 프로덕트라도 시작 장소가 필요할까? 그렇다. 장소와 상관없는 프로덕트일지라도 어느 지역에서 시작할지 선택해야 한다. 이유는 이후에 자세히 설명할 것이다. 우선 장소가 필요하다는 것을 염두에 두고 다음 주제인 사람들과 행동에 대해서 살펴보기 바란다.

사람들(노드)

두 번째는 적합한 사람들이다. 적합한 사람들을 선택하는 것은 네트워크에서 노드를 만드는 일에 해당한다. 앱이 새로 앱스토어에 등록이 되면 사용자를 모아야 한다. 이벤트가 필요하다. 대부분은 상품을 구매하거나 리뷰가 작성이 되면 경품을 주는 행사일 것이다. 하지만 다운로드 수를 늘리거나 방문자 숫자를 위해서 적합하지 않은 사람들을 초대하면 스몰 네트워크는 만들어지지 않는다. 경품을 위해 오는 사람들은 네트워크에 적합한 사람이 아닐 가능성이 높기 때문이다.

적합한 사람인지 그렇지 않은지 어떻게 알 수 있을까? 분명한 방법은 이벤트가 끝난 후 보는 것이다. 트래픽이 이벤트 전과 같아지고 다시 방문하는 사람이 없다면 적합하지 않은 사람들이 왔다는 증거가 된다. 이후에는 다시 적합한 사람들을 찾아 나서는 수고가 필요하다. 스몰 네트워크가 작동되길 바란다면 무작위 1,000명보다 계획된 100명을 초대해야 한다. 이들은 소수이지만 적합한 사람들이다.

적합한 행동(연결)

적합한 사람을 선택했다면 이제 그 사람들을 프로덕트 사용자로 만들어 주는 적합한 행동이 필요하다. 적합한 행동이라는 것은 네트워크 목적에 맞는 링크를 만드는 일이다. 명함교환 앱이라면 명함을 찍고 보내는 활동, 가격 비교 사이트라면 가격 비교와 구매, 데이팅 앱이라면 등록한 후 탐색하고 매칭되는 활동이다. SNS의 경우 게시글을 올리는 것, 팔로우하는 것이 될 수 있다.

마중물(촉진제)

적합한 사람, 적합한 행동이 완료된 이후에는 단기적 마중물이 필요하다. 마중물(Priming Water)은 자기 스스로는 나올 수 없는 펌프 지하수를 끌어올리는 데 쓰이는 한 바가지 물이다. 마중물은 깨끗한 물이든, 빗물이든, 흙탕물이든 지하수를 끌어올려 세상 밖으로 나오게 하는 데 일조하는 역할이다. 프로덕트 시작을 위해서도 이런 마중물이 필요하다. 마중물은 올바른 사람들이 적합한 행동을 하도록 하는 단기적인 마케팅 활동이라고 할 수 있다. 슬랙 초창기 경우 초대받은 사람만 올 수 있는 론칭 행사를 진행했다. 초대받은 사람만 올 수 있는 온·오프라인 행사는 네트워크 효과를 위한 기업들의 흔한 단골 메뉴이지만 효과가 좋은 방법이다.

지금까지 이야기한 것이 '스몰 네트워크'를 만들기 위한 4가지이다. 이것은 네트워크 프로덕트 시작을 위한 가장 간단한 방식이라고 할 수 있다. 또한 거대한 도미노를 무너뜨릴 수 있는 가장 작은 첫 번째 도미노이다. 다만 4가지 요소는 마치 조립식 장난감을 조립하는 것처럼 순서대로 착착 진행하면 결국 결과물이 만들어지는 것은 아니다. 4가지 요소는 프로덕트를 론칭한 후 어쩔 줄 모르는 팀을 위한 가이드라고 말하고 싶다. 따라서 이번 장에서는 4가지 요소에 대해 살펴보면서, 스몰 네트워크가 비즈니스가 되도록 하는 2가지도 이어서 설명할 것이다. 스타트업이 프로덕트를 만든 후 스몰 네트워크를 구축할 수 있게 된다면, 또다시 새로운 지역이나 새로운 사용자와 연결된 네트워크로 확장할 수 있게 된다. 두 번째 네트워크를 만드는 일은 조금 더 쉬워질 것이다. 그리고 전국으로, 전 세계로 펼쳐나갈 수 있는 힘을 가질 수 있다. 네트워크 효과는 '스몰 네트워크'로부터 시작되기 때문이다.

스몰 네트워크의 성장

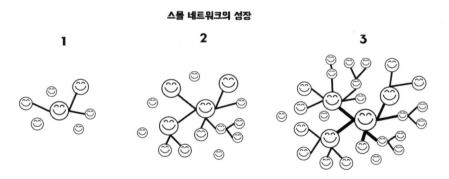

| 스몰 네트워크의 성장 과정

2. 완벽한 시작, 최적의 장소 찾기

"작고 친밀한 사람들이 있는 곳"
#당근마켓 #토스 #우버 #BOA

2015년도 초창기 당근마켓의 당시 회사 이름은 '판교장터'였다. 처음 시작은 당근마켓(당신의 근처라는 뜻)이 아니었다는 것을 아는 사람은 많지 않을 것이다. 판교는 IT 기업과 스타트업이 몰려 있다. 빌딩 밀집지이다. 점심시간이나 잠깐 휴식시간에 짬을 내어 물건을 교환하기 딱 좋은 지역적 조건이다. 당근마켓 시작을 위한 최적의 장소는 판교였다. 그에 따라 처음 회사 이름도 '판교장터'가 되었다. 그렇다면 지역과 상관없는 경우에는 장소는 불필요한 것은 아닌가? 그렇지 않다. 온라인이나 모바일에서도 사용자가 있기 때문에 활동이 집중된 지역이 있기 마련이다.

토스가 송금 앱이던 초기 시절을 살펴보자. 토스 초창기 최적의 장소는 홍대와 연남동 근처 10, 20대가 밀집한 가게였다. 신용카드가 없는 젊은 세대가 물건을 살 때 쉬운 송금은 편리한 금융 도구였고 상인들도

환영했다. 홍대 주변은 작은 가게들이 밀집되어 있는 독특한 상권이었기 때문에 토스가 제안한 쉬운 송금에 상인들은 열광했다. 이후에는 신촌, 건대 앞, 강남역으로 확장되었지만 시작점은 성장하기 좋은 조건(송금필요, 적합한 사용자, 밀집된 소상공인)을 갖추고 있는 홍대 주변이었다.

여기서 스몰 네트워크를 위한 교훈은 분명하다. 토스와 당근마켓은 결국 전국에 서비스를 제공했지만, 처음부터 전체를 대상으로 하지 않았다는 것이다. 대기업이라면 전국 또는 서울 중심으로 대규모 다운로드 마케팅을 했겠지만, 토스와 당근마켓은 작은 동네에 집중한 것이다.

· 시장 크기보다 밀도

비슷한 원리는 인터넷 이전 시대에 신용카드에서도 볼 수 있다. 1958년도 뱅크오브아메리카(Bank of America)는 캘리포니아주 프레즈노를 신용카드 테스트 장소로 선택했다. 이유는 프레즈노 인구수가 25만 명 정도였고 신용카드 적용을 위한 적당한 규모라고 생각했기 때문이다.

신용카드 비즈니스는 네트워크가 커질수록 네트워크 효용이 커진다. 즉, 사용자와 상점 수가 많아질수록 신용카드를 사용할 수 있는 곳이 많아지는 것이다. 때문에 상점과 소비자가 더 많이 가입하게 되는 원리이다. 따라서 프레즈노라는 장소는 스몰 네트워크를 작동시키기에 최적의 조건이라고 할 수 있다. 뱅크오브아메리카는 3개월 후에는 고객기반을 북쪽 도시로 확장했고 1년 만에 샌프란시스코, 새크라멘토, 로스앤젤레스로 전파되었다. 처음 신용카드를 발급한 지 13개월 후 은행은 신용카드 200만 장을 발급했고 상인 2만 명이 점포에서 사용하게 되었다.

그들은 신용카드 결제 상점을 소상공인들이 모인 도시 골목 구역에 집중했다. 처음부터 도입 속도가 느린 대기업은 피했다. 하나의 스몰 네트워크를 완성하고 또 하나를 구축하는 방식으로 나머지 네트워크를 연결하는 확장의 기본기를 보여주었다. 지방 소도시 스몰 네트워크 성공은 지금은 전 세계를 연결하는 금융 연결망으로 성장했다.

장소와는 상관없을 것 같은 페이스북도 적합한 장소가 있었을까? 그곳은 이미 많이 알려진 대로 하버드대학교 교내였다. 창업자가 다니는 학교였기 때문에 실험하며 시작하기에는 더없이 좋은 장소였다. 남학생들이 다른 여학생들 사진을 볼 수 있는 책(말 그대로 페이스북이다)이라는 소문으로 학교에 퍼졌다. 학생 500명을 끌어들임으로 페이스북을 시작할 수 있었다. 하버드대학 학생들은 스몰 네트워크 사용자였다. 이후 주변 다른 학교들과 일반인들도 사용하게 되는 과정은 신용카드 확산 과정과 크게 다르지 않다. 같은 원리로 하버드대학교 안에서 성공하지 못했다면 미국 전체 대학교를 대상으로 크게 시작했어도 실패했을 것이다.

2004년 시작한 페이스북보다 5년 일찍 시작한 싸이월드 최적의 장소는 분당 서현고등학교였다. 당시에는 미니홈피가 나오기 전이라 클럽(카페)과 1촌을 사용하였지만, 전교생이 싸이월드 클럽을 사용했다. 싸이월드는 학생들 방과 후 학교생활이었다. 다시 말하면 방과 후 싸이월드 클럽에서 일어난 일을 알지 못하면 학교생활을 할 수 없었다. 그렇기 때문에 학교 학생회 활동을 하는 학생들이 싸이월드가 있던 강남구

신사동 본사로 찾아와서 서비스 사용에 대한 불편사항을 이야기하기도 했다. 분당 서현동 서현고등학교는 작은 싸이월드였다. 이후 주변 학교로 퍼져가는 중요한 장소가 되었다.

우버의 초창기 마법 같은 장소는 샌프란시스코이다. 사실 그보다 구체적으로는 오후 5시, 5번가와 킹스트리트와 통근차량이 운행되는 칼트레인 정거장이었다. 우버의 초기 직원들은 택시호출이 시작되면 운전자들에게 그 지역으로 가도록 수동으로 실시간 메시지를 보냈다. 그 결과로 칼트레인 정거장에서 사람들이 꾸준히 승차하기 시작했다. 우버는 주변 지역으로 네트워크를 넓혀갔다. 세계적인 비즈니스가 된 우버는 작은 거리에서 시작한 것이다.

적합한 장소 사례

당근마켓: 판교 테크노밸리

토스: 홍대입구역 주변

뱅크오브아메리카 신용카드: 캘리포니아주 프레즈노

페이스북: 하버드대학교

싸이월드: 분당 서현고등학교

우버: 샌프란시스코 킹스트리트 칼트레인 정거장 오후 5시

소개한 몇 가지 사례는 스몰 네트워크를 구축하기 위해서 밀도가 중요하다는 사실을 알려준다. 스몰 네트워크는 초라해 보인다. 그렇지만 하나를 구축하면 순차적으로 2, 3개의 네트워크로 발전할 수 있다. 스몰 네트워크는 두 번째, 세 번째가 될수록 더 구축이 쉬워진다. 네트워크가 연결되기 때문이다. 지금은 전 세계적인 규모로 커져버린 프로덕

트들도 그 시작을 추적해 보면 생각보다 작고 구체적이다. 특정한 시간, 특정한 대상, 특정한 장소로 좁혀지는 것이 특징이다. 따라서 스몰네트워크를 만들고자 한다면 처음부터 한 번에 시장 크기를 키우자는 의견을 무시하라. 성장하고 싶다면 장소를 정하고 네트워크 밀도를 높일 수 있어야 한다.

| 우버가 시작된 샌프란시스코 칼트레인 정거장

3. 타깃 사용자 발굴에서
참여까지의 여정

"성공은 초기 핵심 사용자의 선택에 달려 있다"
#포르투FC #썸원스페이지숲 #위키피디아

> "불량을 즉각 고치는 데는 1의 원가가 들지만, 책임 소재나 문책 등의 이유로
> 이를 숨기고 그대로 내보낼 경우 10의 원가가 들며, 이것이 고객 손에 들어
> 가 클레임으로 되돌아오면 100의 원가가 든다"

1:10:100이라고 불리는 이 법칙[14]은 제조업 생산라인에서 프로덕트 품질을 높이고 비용을 줄이는 서비스 법칙으로 알려져 있다. 하지만 좋은 네트워크 프로덕트를 위해 사용자를 선별하는 원리로도 사용할 수 있다.

구글 부사장인 브래들리 호로위츠가 블로그에 써서 인기를 끌었던 〈창작하는 사람, 통합하는 사람과 소비하는 사람〉에서 창작하는 1% 사

---

14 말콤 볼드리지상을 수상한 페덱스의 서비스 법칙에서 유래한 것이다.

용자와 그 나머지 사람들을 이렇게 묘사한다.

> "사용자 1%는 집단을 조직화하여 활동한다. 10% 사용자는 적극적으로 참여한다. 실제로 토론을 시작하거나 진행 중인 토론에 반응하여 콘텐츠를 만든다. 100% 사용자는 앞서 말한 집단 활동에서 혜택을 얻는다"

이 말은 1%의 중요성을 강조한 말이다. 1% 사용자들은 사회적 반응, 지위 등 커뮤니티 속에서 보여지는 관계에서 힘을 얻는다. 커뮤니티 내부 사람들은 그들이 유용한 정보를 공유하는 것과 진정성 있는 행동을 높이 평가한다. 이들은 네트워크에서 핵심 사용자이며 리더가 된다. 프로덕트를 시작할 경우 적합한 사용자 선별이 그만큼 중요하다. 누가 이 네트워크에 있을지, 왜 이곳에 있을지, 서로 어떤 식으로 소통할지, 누가 우리 네트워크에 최선일지를 생각하는 세심한 돌봄이 네트워크 매력, 문화, 건강한 소통을 만들어 내는 것이다. 이 책은 디지털 프로덕트에 관한 이야기지만 이 방법은 이미 오프라인 커뮤니티나 조직의 팀에서 너무나 많이 강조되고 검증된 것이다. 세계 최고의 축구감독이라고 평가를 받는 조제 모리뉴 감독 이야기는 초기 성장을 위해서 적합한 사람의 중요성을 다시 확인시켜 준다.

넷플릭스 다큐멘터리 〈플레이북: 게임의 법칙〉 조제 모리뉴 편에서 그의 첫 감독 시절에 대한 이야기를 볼 수 있다. 2002년 1월, 포르투 FC는 당시 감독을 실적을 이유로 경질하고 포르투 수석코치였던 조제 모리뉴를 감독으로 선임한다. 그가 첫 감독을 맡았던 팀의 팬들은 떠나고 선수들의 사기는 떨어졌다. 포르투갈 FA컵에 탈락하며 20년 만에 최악의 실적을 보여준 것이었다. 이런 상황에서 감독으로 첫 부임을 받고 가장 먼저 한 일은 무엇이었을까? 그는 세계적인 슈퍼스타를 영입하는 대신 팀과 사랑에 빠질 수 있는 무명의 선수들을 찾았다. 이유는 간단했다. 당시 포르투 FC는 실적이 바닥을 친 상태에서 지역 팬들과 교감이 중요했기 때문이다. 조제 모리뉴 감독에게 축구팀 승리를 위해서 적합한 선수는 슈퍼스타가 아니었다. 지역 출신의 공격성 높고, 경쟁심이 있으며 팀워크를 아는 선수였다. 팀과 사랑에 빠질 수 있는 지역 출신 선수를 영입한 결과 팀은 2년간 홈경기장에서 무패의 신화를 기록했다. 적합한 선수를 영입한 것은 전설적인 축구감독의 첫 시작이었다.

춘천의 썸원스페이지는 책과 쉼을 제공하는 작은 북스테이다. 이곳은 대중교통이 드문 한적한 곳이라 접근성이 좋지 않고 주변에는 상가도 없으며 와이파이도 없다. 그럼에도 불구하고 인기 숙소다. 이유는 '썸장'이라고 불리는 대표이사의 독특한 철학 때문이다. 썸원스페이지 예약을 위해서는 문자로 방문 이유를 적어야 한다. 방문 이유를 적도록 하는 까닭은 방문자들이 썸원스페이지가 지향하는 가치와 맞는지 확인하기 위함이다. 숙소를 방문해서 술을 마시거나 단체 활동을 하는 등이 목적이라면 다른 투숙객들에게 피해를 주기 때문에 손해를 감수하더라도 예약을 받지 않는 원칙을 지키고 있다. 이렇게 까칠하게 숙소를 운영하나 싶지만, 사색과 혼자만의 쉼이 필요한 사용자를 선택하고 그들에게 필요한 저렴한 조식, 별 관측 풍경 사진, 다른 방문자의 기록 노트 같은 특별한 서비스를 제공하기 위함이다. 손해를 감수하면서라도 적합한 투숙객을 선택하고자 했던 고집은 방문자의 리뷰가 SNS에 퍼지며 숙소를 인기 있는 곳으로 만들었다.

일상에 쫓기느라
흥미로운 내용이 나와도 책을 덮어야하는 날들에서 벗어나
맘편히 독서에만 집중하는 하루를 지내보고 싶었습니다!
자연과 고양이가 함께 하는 독서는
어떤 느낌일지 궁금해 방문하고자 합니다 😊

| 썸원스페이지 인스타그램 사진

프로덕트에서 적합한 사용자를 찾는 것은 축구감독이 선수를 영입하거나 예약자를 거절하는 것보다는 쉽다. 적합한 사용자는 이전 장에서 소개한 '적합한 장소'와 연결되어 있다. 이어서 소개할 '적합한 행동'을 보면서 대상을 좁혀갈 수 있다. 또한 좁혀진 대상이 모여 있는 곳으로 찾아가 고액 연봉을 제시하거나 보너스를 보장하는 대신 같은 관심사에 대해서 함께할 것을 제안해도 좋다. 위키피디아가 성장한 배경에는 핵심 사용자가 있었다. 0.02%에 불과한 의욕 넘치는 사람들이 나머지 네트워크를 위해 콘텐츠를 발행했다. 위키피디아뿐만 아니라 모든 신사업 프로덕트의 경우, 네트워크 핵심 사용자가 이런 역할을 해야 한다.

초기 프로덕트가 해결해야 하는 어려운 문제 중 하나는 핵심 사용자를 데려오는 것이다. 프로덕트가 콘텐츠 앱이라면 콘텐츠 창작자, 거래 플랫폼이라면 판매자, 데이팅 앱이라면 매력적인 멤버가 핵심 사용자이다. 이들은 다른 사용자들을 프로덕트로 데려온다. 따라서 성장 여부가 이들에게 달려 있다. 방문자나 가입 수를 과시하기 위한 활동은 시간이 지나가면 안개처럼 사라진다. 처음부터 많은 사용자가 찾아오는 것은 기분 좋은 일이지만 프로덕트에 좋은 일은 아니다. 밀물처럼 왔다가 썰물처럼 빠져나갈 수 있기 때문이다.

4. 적합한 행동이 중요한 이유

"핵심 가치를 경험하게 하라"

#소프트랜더스

스타트업 소프트랜더스는 해외 지사로 발령 나가는 직원들을 위한 플랫폼을 준비 중이었다. 대표이사는 실제로 해외에서 6년을 근무하고 한국으로 돌아와 오랜 기간 해외주재원 파견지원 업무를 해왔고 일의 경험을 배경으로 창업을 했다. 대화를 하던 중 소프트랜더스의 중요한 활동은 국내 지사 발령을 받은 직원들과 해외 현지 서비스 회사 간 긴밀한 커뮤니케이션이라는 것을 알게 되었다. 새로운 플랫폼이 생기기도 전에 적합한 행동을 정확하게 정의하고 있었다. 그리고 향후 만들게 될 플랫폼의 목표는 사용자를 위해 해외 이동을 위한 까다로운 모든 과정을 원스톱으로 해결해 주는 것이 되었다.

해외 지사로 발령받은 직원은 모든 것이 낯설 것이다. 또는 해외에서 한국 기업으로 발령받은 외국인도 마찬가지다. 집 구하기, 자동차 렌털, 자녀 학교 등록, 주택, 보험료 등 관련자들과 소통이 중요했다. 소프트랜더스가 이 사람들을 한번 연결하는 데 성공하면 확장성이 높아 보였다. 자사 프로덕트를 준비하기 이전부터 사용자 행동을 지원하기 위해 플로(Flow)라는 커뮤니케이션 툴을 사용했다. 월 구독요금 몇만 원으로 훌륭한 도구가 생긴 것이다. 프로덕트에 적합한 활동을 제대로 알았기 때문에 이를 위한 도구를 선택할 수 있었다. 스타트업이 효율적으로 일을 시작하는 전형적인 모습이다.

다른 프로덕트에서도 적합한 행동은 쉽게 찾을 수 있다. 화상회의 앱 줌(Zoom)의 경우에는 어떤가? 회의 방을 개설하고, 초대하며, 참여하는 것이 적합한 활동이다. 적합한 활동은 프로덕트 사용자들에게 핵심 가치를 경험하게 하여 자연스럽게 수익화까지 연결되도록 한다. 그래서 줌은 사용자들이 40분간 무료로 사용하도록 하였다. 이를 네트워크 관점에서 생각해 보자. 네트워크는 노드와 링크로 구성된다. 노드가 사람이라면 링크는 사람들 행동이며 네트워크 프로덕트에서 목적에 부합한 적합한 행동이 된다. 이것은 네트워크 프로덕트를 완성하기 전부터 찾아야 하는 것이지만, 앱이나 웹사이트를 만드는 일도 만만치 않기 때문에 자칫하면 이 행동을 놓치기 쉽다. 활성화를 위해 마케팅과 프로모션 계획을 세우지만 초기 프로덕트에 사용자들이 혜택만을 얻고 나가버리기 쉽다. 이런 경우 올바른 방법은 네트워크 프로덕트 가치를 확인할 수 있는 적합한 행동에 집중하고 지향점을 잡는 것이다.

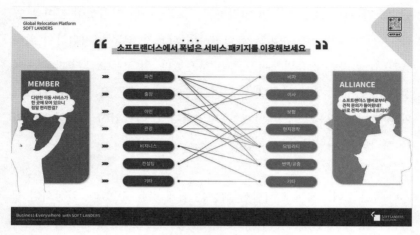

| 소프트랜더스 상품 소개

· 찾는 법

스몰 네트워크를 위해 적합한 행동 찾기가 필요하다는 것을 이해했을 것이다. 그렇다면 그것을 어떻게 찾을 수 있을까? 찾는 법을 알아보도록 하자. 먼저 프로덕트 목적이 무엇인지 생각해야 한다. 그리고 프로덕트에 방문한 사용자를 남게 만드는 활동 횟수를 정하는 것으로 시작할 수 있다. 예를 들어 프로덕트 목적이 취업이나 아르바이트를 구하도록 중재하는 것이라 가정해 보자. 핵심 활동은 올린 이력서를 채용담당자가 선택하는 것이다. 이런 식으로 가설을 수립하거나, 사용자를 인터뷰하거나, 사용자 행동을 분석함으로 네트워크가 만들어지기 위한 행동을 숫자로 정하는 것이 필요하다. 방법은 다음과 같다.

첫 번째, 사용자 인터뷰를 진행하는 것은 여러 방법 중에서 가장 쉽고 간편하다. 다른 방법들에 비해 사용자가 몇 명 존재하지 않거나 아직 사용자가 존재하지 않아도 된다. 프로토타입을 제시하고 인터뷰를 하면 인사이트를 얻을 수 있다. 인터뷰를 진행하면서 프로덕트를 사용하는 본인만의 특별한 방법이 있는지, 또는 프로덕트를 어떻게 사용하면 좋을지를 파악하면 어떤 지점에서 사용자들이 특별한 행동하는지 직관적으로 파악할 수 있다.

두 번째, 사용자 행동을 직접 보면서 분석하는 방법이다. 사용자가 어떤 행동 패턴을 보이는지 분석한다. 우리가 의도한 유저 플로를 충실히 따르거나 혹은 우리가 의도하지 않았던 유저 플로가 보이는지를 확인해 보는 것이다. 사용자 행동 분석은 프로덕트가 의도했던 것과는 달리 얼마나 창의적으로 프로덕트를 사용하는지를 직접 보는 기회가 된다.

세 번째, 데이터를 통해 지표를 분석하는 방법이다. 우선 사용자가 자주 할 것으로 예상하는 한 가지 행동을 설정한다. 예를 들면 채팅하기, 선물 보내기, 댓글 쓰기 등이다. 그리고 일정 시간 동안 해당 지표를 달성하였는지를 추적하는 것이다. 정량적으로 적합한 행동이 어떤 것인지 찾을 수 있는 방법이다. 당연한 이야기이지만 데이터 분석 방법은 명확하게 수치로 파악할 수 있도록 해주기 때문에 판단하고 설득하기 유용하다.

프로덕트마다 적합한 행동은 있다. 프로덕트에 적합한 행동은 무엇인지 알고 있다면, 집중할 일이 생긴 것이다. 또한 필요한 기술 도구도 찾을 수 있을 것이다. 초기 성장을 위해 적합한 행동을 강화시켜라. 그러면 프로덕트 생존 가능성이 높아진다.

5. 잠자는 사용자를
   깨우는 마중물 붓기

"처음에 살짝 도와주기"
#토스_삼계탕 #토스증권_가위바위보

프로덕트 초기 단계에서 네트워크 효과는 허상이다. 네트워크 효과를 강조하는 책에서 허상이라니? 무슨 말인가 하고 의아해하겠지만, 이것은 사실이다. 입소문을 타고 저절로 찾아오는 사용자들 역시 남의 이야기가 된다. 특별한 경우를 제외하고는 대부분 프로덕트는 마중물 붓기가 필요하다.

오픈 기념으로 커피 쿠폰을 주거나 직접적인 현금을 주는 것이 마중물이라고 할 수 있다. 마중물로 현금성 보상을 주는 것은 조심해야 하지만, 현금 때문에 핵심 사용자가 적합한 행동을 하게 되면 현금 지급 결과는 직접적인 성장으로 연결된다. 또한 떠나려 했던 사용자들이 남아서 네트워크 프로덕트의 중요한 자산이 된다. 네트워크의 직접적인 성장과 관련이 있다면 해볼 만하다.

· 토스의 삼계탕 자신감

송금으로 시작하여 은행, 증권까지 종합적인 금융 서비스로 범위를 확장하는 토스는 마중물을 활용하여 네트워크를 확장하는 기술을 알았다. 이를 살펴보기 위해서 2019년 추석으로 돌아가 보자. 당시 토스는 지인들에게 현금을 무료로 선물하는 이벤트를 열었다. 사용자들 핸드폰 주소록을 불러와서 옆에 랜덤으로 선물 가능한 금액(이 금액은 토스에서 지급했다)을 보여줬다.

토스 앱 이름 옆에는 1원부터 10원, 100원 등 다양한 금액이 표시된다. 표시된 금액만큼 무료로 보낼 수 있다. 상대방이 토스 회원이 아니라면 문자 메시지를 통해 송금 알림이 가능하고 토스 앱에 가입하면 금액을 전달한다. 인당 10만 원까지 책정된 이 이벤트는 다른 사람에게 보낸 만큼 내가 받는 금액이 증가한다. 특정 금액 이상일 때 현금으로 받을 수 있었다. 이 이벤트는 추석 연휴 동안 네이버 실시간검색 창을 장악했다. 필자는 당시 토스 이벤트를 중학생 딸을 통해서 알게 되었다.

토스는 핵심 활동인 송금에 참여하도록 마중물을 부었다. 결과적으로 이벤트는 바이럴 효과를 일으켰다. 뿐만 아니라 TV 광고와 포털 배너 광고보다 훨씬 높은 광고 효과를 만들었다. 토스는 마케팅 비용을 광고에 쓰지 않고 송금하는 사람과 송금받는 사람에게 직접 사용했다. 서비스를 사용하지 않는 사용자에게도 앱을 다운로드받고 설치하고 가입하게 하고 로그인까지 하도록 하는 동기부여가 되었다. 자녀가 앱을 깔고 로그인하도록 보채는데 어떻게 사용을 거부할 수 있을까? 토스의 삼계탕 이벤트는 비용이 들기는 했지만 사용자 참여를 극대화시켰던 이벤트 사례라고 할 수 있다.

토스 이벤트로 유입된 사용자들 잔존율과 재사용률은 높았을 것으로 추측한다. 왜냐하면 1년 후 토스는 2020년 7월 복날에도 같은 방식으로 '감사한 분들에게 삼계탕 지원금을 나눠주세요' 이벤트를 다시 시작했기 때문이다. 이번에는 진행방식이 조금 변했고 미성년자는 지원금을 받지 못하도록 제외시켰다. 2019년 세뱃돈 이벤트를 통해서 얻은 교훈이 반영된 것이라 볼 수 있다. 게다가 이러한 방식 마중물 붓기는 2023년 토스증권을 활성화시키기 위해서 친구와 가위바위보 게임 시즌 1, 2로 이어졌다. 친구를 이기면 주식 최대 1,000만 원을 걸었다. 참여하는 사람은 초대 링크를 복사하고, 카카오톡에 공유하고, 친구가 결투를 수락하면 끝! 이다. 결투를 받아들인 사람은 당연히 토스 앱을 다운로드하고 게임을 하게 된다.

| 토스의 복날 이벤트

마중물 붓기는 스몰 네트워크 만들기를 돕는 활동이다. 하지만 마중물로 주어진 혜택이 사라지면 효과도 없어지는 경우가 많다. 따라서 성공적인 패턴을 찾는 것이 필요하다. 지금 토스는 송금하는 데 돈을 주지는 않는다. 돈을 주지 않아도 사용자들에게 자연스러운 습관이 되었기 때문이다. 반면 토스증권은 돈을 준다. 시작하는 시점이기 때문이다. 이처럼 검증된 시작 기술은 토스처럼 수년간 재사용이 가능하다. 참여 방식을 이해하고 스몰 네트워크를 만드는 기술을 익히면 반드시 성공한다.

6. 스몰 네트워크의 나침반

"가치를 느끼게 되는 순간까지"
#페이스북 #드롭박스 #우버 #줌

스몰 네트워크는 적합한 사람들, 적합한 행동, 그리고 그에 부합하는 마중물이 있어야 만들어진다. 마중물을 통해 더 많은 스몰 네트워크들이 만들어질 수 있다. 이때 우리는 어디까지 마중물을 부어야 할지 판단할 수 있는 지향점이 필요하다. 지향점은 숫자로 표현되는 것이 가장 좋다. 측정할 수 있기 때문이다. 그런 의미에서 실리콘밸리의 성공한 스타트업들이 사용한 것으로 유명해진 아하 모멘트는 적합한 행동과 연결되어 있으며 초기 성장 지향점으로 사용하기에 유용하다.

아하 모멘트는 '아하! 하는 순간'이라는 뜻으로 어떤 특정한 순간에서 갑자기 무언가를 깨닫거나 느낄 때 "아하!"라고 외치는 순간이다. 이를 프로덕트 관점에서 응용하면 사용자가 우리 프로덕트를 사용하면서 가치를 느끼게 되는 순간이다. 프로덕트를 만드는 사람이라면 당연히 사용자가 만든 프로덕트를 사용해 주길 바란다. 그리고 더 나아가 우리가 프로덕트를 통해서 전달하고자 하는 가치를 느끼기를 원한다. 그래서 우리는 사용자가 프로덕트에서 가치를 느끼는 순간을 파악하기 위해서 가설을 수립하고, 데이터를 보면서 목표했던 결과에 도달하고 있는지를 추적한다. 이뿐만 아니라 프로덕트를 만드는 과정에서 끊임 없이 사용자를 인터뷰한다. 사용자 행동을 분석하려고 노력한다. 왜냐하면 아하 모멘트를 찾는다는 것은 곧 우리 프로덕트 성장 가능성을 발견하는 것이기 때문이다.

페이스북의 그 유명한 '10일 안에 7명의 친구' 사례를 살펴보자. 페이스북은 사용자가 10일 이내에 최소한 7명의 친구를 만들게 되면 재방문 확률이 높아진다는 것을 알게 되었다. 그래서 사용자가 가입했을 때 10일 안에 7명의 친구를 만드는 것을 적합한 행동으로 정했다. 그를 위해 사내 모든 역량을 모았으며, 그것은 페이스북의 성장을 만든 결정이었다.

협업툴 슬랙(Slack)의 아하 모멘트는 '팀 내에서 메시지 교환하는 횟수 2,000개'였다. 클라우드 저장서비스 드롭박스는 '한 기기, 한 폴더에 파일 1개 저장'이었다. 트위터는 '다른 사용자 30명 팔로우'를 지향점으로 정했다. 각자 목적에 맞는 적합한 행동을 정하고 지향점을 기간과 횟수라는 숫자로 찾아냈다. 지향점은 회사구성원 전체가 명확하고 의미 있는 '목표'에 집중할 수 있도록 해주었다.

택시 앱 우버는 탑승 대기시간을 지향점으로 정했다. 그렇다면 몇 분으로 정했을까? 운전기사가 많을수록 승객들의 대기시간이 줄어들어서 사용자가 늘어날 수 있지만, 무조건 빠르게 한다고 능사는 아니다. 승객을 태우지 못한 운전기사가 많아지는 것도 문제이기 때문이다. 처음 우버를 사용하기 위해서 15분 이상 대기하는 일도 허다했지만, 우버는 3분이라는 대기시간 지향점을 가지고 시간을 줄여나갔다.

여행지의 숙소를 찾아주는 에어비앤비에도 지향점이 있었다. 여러분이 프로덕트 관리자라면 어떤 마법 숫자를 제시했을 것 같은가? 에어비앤비 공동창립자 네이선 블레차르지크는 에어비앤비를 날아오르게 해주는 마법 숫자가 "리뷰 100개가 달린 300개 숙소 목록"이라고 말한 바 있다.

그렇다면 이런 기준들은 실리콘밸리에서만 적용되는 것일까? 그렇지 않다. 국내 스타트업에서 거대 기업이 된 토스는 이런 아하 모멘트를 벤치마킹했다. 4일 이내 2번 송금하면 사용자 95%가 남는다는 것을 알아냈다. 그리고 초기 정체를 벗어났다. 당근마켓은 1명의 판매자를 1명의 구매자와 매칭하는 것이 최소 조건이었다. 각기 비즈니스 목표에 따라 마법을 만드는 숫자는 다르지만 그 원리를 행동목적과 지향점을 따라 정할 수 있다.

아하 모멘트와 적합한 행동

구성: 기간 + 횟수 + 행동

페이스북: 10일 안에 7명의 친구 맺기

슬랙: 팀 내에서 2,000개의 메시지 교환

드롭박스: 한 기계, 한 폴더에 1개 파일 저장

토스: 4일 이내에 2번의 송금

우버: 호출 후 3분 이내 승차하기

에어비앤비: 리뷰 100개 달린 300개의 숙소 매칭

당근마켓: 1명의 판매자와 1명의 판매 매칭

　여기서 주의해야 할 점은 아하 모멘트를 찾는다는 것은 성장 가능성을 찾는 것이지 매출 창출이 가능한 부분은 아니라는 점이다. 아하 모멘트는 사용자가 프로덕트에 대한 효용을 느끼게 만드는 지점이기 때문에 성장과 매출 창출 이전 상태이다. 직접적인 수익을 내는 지점은 아니지만 향후 성장과 매출 창출을 가능하게 하는 전제조건이라고 할 수 있다.

7. 론칭 너머의 목표

"프로덕트의 성공은 고객에게 가치를 전달하는 것"
#가치제안캔버스 #스토리와숫자

많은 투자자들이 자금을 원하는 창업자에게 가장 많이 묻는 질문이 무엇인지 아는가? 그것은 바로 "이 프로덕트는 어떤 문제를 해결하고 있는가?"이다. 성공한 프로덕트는 이 질문에 대한 명확한 답을 제시했다는 공통점이 있다. 비타민처럼 있으면 좋지만 없어도 별 상관없는 프로덕트가 아니라, 당장의 고통을 해결해 주는 진통제처럼 명확하게 문제 해결을 해주는 프로덕트였다는 것이다.[15]

신규 사업을 시작한 사람들은 누구나 한번은 이런 경험을 했을 것이다. 당장 눈에 보이는 이름, 메인 페이지 디자인, 고객센터 구축 등 급히 해야 할 일이 쏟아진다. 바쁘게 여러 가지 일을 계획하고 그것을 위해

---

15 Harvard Innovation Labs, Value Props: Create a Product People Will Actually Buy(https://www.youtube.com/watch?v=q8d9uuO1Cf4)

토론하는 것은 뭔가 하고 있다는 만족감을 준다. 그러나 결국 이 사업을 하는 이유에 대한 내적 동기와 지향점이 없다면 그간 노력했던 일은 방향성을 잃는다. 가장 먼저 해야 할 일을 가장 늦게 하기 때문이다. 스몰네트워크를 마무리하기 전에 빠트리지 말아야 할 것이다. 그것은 프로덕트가 사용자에게 전달하고자 하는 가치제안(Value Proposition)이다.

사용자 문제와 진통제를 찾기 위한 방법으로 가치제안 캔버스[16]만 한 훌륭한 도구를 보지 못했다. 이 도구는 가치를 점검하거나 찾고자 할 때 간단하면서 효과적으로 활용할 수 있다.

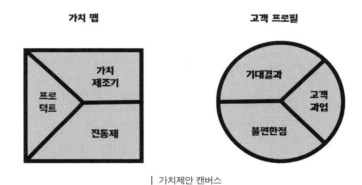

| 가치제안 캔버스

가치제안 캔버스는 고객 프로필과 가치맵의 2가지를 중심으로 총 6가지로 구성된다. 다음에서 6가지를 살펴보도록 하자.

16   알렉스 오스터왈더 · 예스 피그누어 · 그렉 버나다 · 앨런 스미스, 조자현 역,《밸류 프로포지션 디자인: 가치 제안 설계로 시작하라》, 생각정리연구소, 2018.

· 고객 프로필

고객과업

우리가 정의한 목표 고객군(Target Customer Segment)이 업무나 생활 속에서 그들 목표를 달성하기 위해 노력하는 활동 또는 과업이다. 대개 이 항목에서 고객의 목표를 정의한다. 목표 달성을 위해서 수행하는 적합한 활동을 그대로 기입한다. 고객 목표를 정의하다 보면 실제 고객이 어떤 활동을 하고 있고, 그 과정에서 어떤 부분이 진짜 불편한지를 간과하는 경우가 발생하기 때문이다. 만일 고객의 목표가 '매출 극대화'라면 매출 극대화 그 자체가 고객과업이 되는 것이 아니다. 매출 극대화라는 목표를 달성하기 위해 고객이 수행하는 일이 고객과업이다. 단골 고객에게 정기적인 메시지를 보내는 것 등이 될 수 있다. 고객과업을 각 프로세스별로 상세하게 정리할수록 숨겨진 가치를 발견할 가능성이 커진다. 과업은 대부분 기능적 과업(Functional Job)을 뜻하지만, 그 밖에 사회적 과업(Social Job)과 정서적 과업(Emotional Job)이 있다. 이어폰을 구매할 때 '있어빌리티 확보하기', '퇴사한 나에게 선물 주기'는 사회적 및 정서적 과업이다.

불편한 점

불편한 점은 고객과업 과정에서 겪고 있는 불편 혹은 불만족스러운 결과를 정의하는 것이다. 고객이 목표 달성을 위해서 습관적으로 수행하는 활동 중에서 여전히 해결하지 못하는 불편한 문제, 혹은 어쩔 수 없이 발생하는 결과, 애로사항, 리스크 등이 이에 해당한다. 이어폰의 경우 선이 자주 꼬이거나 이동 제한이 있는 등의 불편함이 있었다. 이러한 불편함을 해결해 준 프로덕트가 무선 이어폰이다.

기대하는 결과

고객은 프로덕트를 통해 달성하고 싶은 결과나 얻고 싶은 혜택을 가지고 있다. 이때 실제 고객이 무엇을 기대하는지를 고객 언어로 정의해 보자. 고객이 달성하고자 하는 결과나 추구하는 혜택이 기대하는 결과이다. 유형별로 정리해 보면 요구 혜택, 기대 혜택, 희망 혜택, 예상치 못한 혜택 등으로 나눌 수 있다. 과업을 수행하는 데 있어서 딱히 불편하거나 고통스럽지는 않지만, '기왕이면 이것도 해결되면 참 좋을 텐데…'라는 부분도 정의한다. 예를 들어서 기존 1세대 에어팟을 이용하는 고객이 있다고 가정해 보자. 1세대 에어팟을 쓰면서 크게 불편함 없이 만족해하면서 쓰는데 가끔 주변 노이즈가 거슬리지만 이 정도는 당연한 것이라고 생각한다. 이때 노이즈 캔슬링 기능이 추가된 에어팟을 출시한다면, 기존 에어팟 이용자들 희망 혜택을 충족시켜 주는 것이다.

· 가치맵

프로덕트

고객에게 제공하는 프로덕트의 모습을 정의한다. 디지털 프로덕트, 경쟁재 대비 탁월한 핵심 기능(UI, 디자인 등), 금융 서비스 등이 있다. 생각한 모든 것을 정의하기보다는 주요한 구성요소 중심으로 정리한다.

진통제

목표 고객이 그들의 과업을 수행하는 데 있어서 여전히 해결하지 못하고 있는 불편함을 살펴본다. 그리고 우리의 프로덕트는 진통제처럼 시간, 노력, 비용을 감소시켜 주며 더 나아가 절망감과 짜증 등 고객을 골치 아프게 하는 문제를 해결해 준다. 시간, 노력, 비용을 월등하게 감소시켜 주는 것이 일반적이다.

가치 제조기

가치 제조기는 앞서 우리 목표 고객이 기대하는 결과나 모습을 어떻게 달성시키는지 정의하는 항목이다. 여기에서는 시간, 노력, 비용을 월등하게 감소시켜 주는 것을 넘어 고객이 생각지도 못한 것을 창조해 내는 영역이다. 편의를 극대화하거나 생각하지 못한 즐거움을 선사하는 것 등이 이런 것이다.

이처럼 가치제안 캔버스를 통해 목표 고객의 과업이 무엇이고, 해당 과업을 수행하는 데 있어서 불편한 점과 기대하는 점을 정리한다. 프로덕트가 어떤 특징으로 기존에 해결되지 못한 것을 서비스로 해결시켜 주는지 한눈에 볼 수 있다. 이 과정을 통해서 프로덕트가 사용자에게 전달하고자 하는 가치제안(Value Proposition)을 찾는 것이다.

· 스토리와 숫자

비즈니스를 구성하는 요소로 크게 스토리(Narrative)와 숫자(Number)가 있다.[17] 앞서 소개한 아하 모멘트가 스몰 네트워크에서 숫자 만들기라면, 가치제안 캔버스는 스토리 만들기다. 가치제안 캔버스의 요소들

17　Damodaran · Aswath,《Narrative and Numbers: The Value of Stories in Business》, Columbia Business School Publishing, 2017.

을 찾아내고 아래에 소개하는 질문에 대답해 보면서 프로덕트 스토리를 만들어 볼 수 있다.

고객은 누구이며 주요 과업이 무엇인가?

그 과업을 수행하는 데 불편함은 무엇인가?

고객이 이상적인 상황으로 기대하는 결과는 무엇인가?

우리 프로덕트의 핵심 기능/특징/프로세스는 무엇인가?

그것이 기존 불편함을 어떻게 해결해 주는가?

고객의 이상적인 기대를 우리 프로덕트가 어떻게 가져다주는가?

숫자와 스토리를 완성했다면 성장하는 프로덕트를 위한 기초는 마련된 것이다. 앞으로 여러 장에 걸쳐 프로덕트를 성장시킬 방법들을 살펴볼 것이다.

네트워크 효과 에센셜 2.

경쟁우위 8가지와 진입장벽[18] 4가지

경쟁우위를 갖춘 비즈니스를 구축하면 수익이 증가함에 따라 가치도 동시에 증가한다. 그리고 경쟁우위를 방어 능력으로 전환하여 경쟁으로부터 비즈니스를 보호할 수 있다면 그 가치는 급속도로 증가할 수 있게 된다. '경쟁우위'는 스타트업을 성장하게 해주고 '진입장벽'은 그것을 유지시켜 준다. 둘 다 중요한 요소이다. 경쟁우위를 위한 8가지 방법은 어떤 것이 있는지 살펴보고, 이어서 4가지 방어 수단에 대해서 알아보도록 하자.

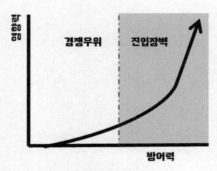

| 성장에 따른 경쟁우위와 진입장벽

---

18 https://www.nfx.com/post/defensibility-most-value-for-founders

・경쟁우위

속도

더 빠르게 진행하는 것은 단기적, 중기적인 관점에도 경쟁력이 된다. 이는 모든 스타트업이 다른 외부 환경에 의존하지 않으면서 스스로 만들어 낼 수 있는 최고 경쟁우위일 것이다. 초기에는 불확실성이 높고 시장 환경에 따라 방향을 바꾸거나 즉시 경쟁에 대해 응대를 해야 하기 때문에 속도는 경쟁력 중에 하나가 된다.

자본

당연한 말이지만, 더 많은 자본을 조달할 수 있는 능력은 큰 경쟁력이다. 자본이 있는 회사는 더 빨리 인력을 충원하고, 시장 점유율을 확장하고, 경쟁자의 진입장벽을 만들기 때문이다. 또한, 많은 자본을 조달하면 다른 투자자들이 비슷한 비즈니스를 하고 있는 경쟁업체에 투자하는 것을 머뭇거리게 만들어 주는 효과도 얻게 된다.

독특한 팀

스타트업 초기에는 수익이 없거나 시장 장악력이 아직 검증되지 않은 상태이기에 기술적인 재능이 있거나 고객/시장에 대한 독특한 통찰력을 갖고 있는 팀은 경쟁력이 된다.

콘텐츠

프로덕트 론칭과 동시에 또는 출시한 후에 사용자가 고유한 콘텐츠를 얻을 수 있는 장소를 제공하는 스타트업도 있다. 사진, 동영상 등 사용자들이 주제별로 모은 콘텐츠들은 시간이 지남에 따라 점점 더 증가한다.

영향력

기업에게 업무 협업툴을 제공하는 슬랙(Slack) 같은 회사는 초기 기술 및 미디어 분야 영향력이 있는 사람들에게 자사 프로덕트를 소개했다. 그들이 사용하는 것을 다른 기업 사람들도 알게 된다면, 자금 조달, 인재 채용, 언론 보도 및 고객 주목을 받는 것이 더 쉬워진다.

관계

기업 또는 고객과 관계는 스타트업에 여러 가지 성장 기회를 제공한다. 비슷한 동종업계 기업이나 대기업은 협력과 마케팅 기회가 된다. 또한 프로덕트를 사용하는 핵심 고객은 내부에서 볼 수 없는 프로덕트 개선점이나 향후 나아갈 방향을 들을 수 있는 통로이다.

네트워크가 가능한 단체

스타트업이 밀집한 지역이나 단체에 속해 있는 것은 자본과 언론뿐만 아니라 재능 있는 사람에게 접근할 수 있으므로 경쟁우위가 된다. 스타트업에 협업과 네트워크가 중요하지 않은 적은 없었다.

특허

이는 기술, 디자인, 업무 프로세스에서 독특함을 인정받는 수단으로 적용될 수 있다. 그러나 일반 비즈니스 영역에서와는 달리 디지털 비즈니스에서는 시간이 지남에 따라 이들의 중요도가 떨어진다는 특징이 있다.

· 4가지 진입장벽

규모의 경제

비즈니스 규모가 더 커지면 많은 이점이 발생한다. 사용자가 많다는 것은 거래량이 많다는 것을 의미하고, 공급업체로부터 더 저렴한 가격을 얻을 수 있다는 것을 의미한다. 규모가 커짐에 따라 고객을 위한 가격을 낮출 수 있고 전환율이 높아진다. 이는 광고가 경쟁업체보다 더 효과적이라는 것을 의미한다.

브랜드

호텔 객실이 필요할 때 부킹닷컴(Booking.com) 대신 야놀자가 생각나는 것처럼 우리가 필요한 것을 생각할 때 특정 회사가 가장 먼저 떠오를 수 있다. 브랜드와 친숙해지면 사용자는 자신을 브랜드와 동일시하게 된다. 애플 프로덕트를 구매하는 사람들은 스마트폰을 사기 위해 다른 상품과 비교하지 않을 것이다. 이처럼 브랜드는 경쟁자가 따라오지 못하도록 방어한다.

임베딩

임베딩은 주로 B2B 스타트업 경쟁력이 된다. 프로덕트를 고객의 중요한 운영 영역에 제공하는 것이다. 더 나아가 고객사 내부 업무 시스템과 통합하면 고객이 경쟁업체로 이동하여 대체할 수 없다. 이는 고객이 개인이 아닌 조직일 때 분명히 더 널리 퍼져 있으며 일반적으로 임베드를 추진하기 위해 직접 영업을 위한 인력을 구성해야 한다.

네트워크 효과

네트워크 효과는 4가지 진입장벽 중 가장 강력하다. 100명 기업이 등록한 채용 사이트와 1만 명 기업이 등록한 채용 사이트는 경쟁력이 다르다. 만일 당신이 구직자라면 어느 프로덕트를 사용할 것인가? 소규모 네트워크에서는 결코 만족감을 얻을 수 없을 것이기에 답은 뻔하다.

3장

(도약: 높은 밀도, 친밀한 관계)

어떻게 단단한 1,000명을 만들 수 있을까?

스몰 네트워크가 만들어지면 이제 여러 개의 스몰 네트워크를 서로 연결해야 한다. 프로덕트 초기에는 네트워크 규모가 임계 질량에 도달하기 전이라 프로덕트는 사용자에게 큰 가치를 주지 못한다. 따라서 '도약'을 통해 사용자와 관계를 강화하고 신뢰를 쌓아야 한다. 이번 장에서는 이 방법에 대해 집중적으로 설명할 것이다.

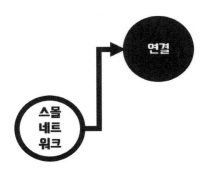

높은 밀도와 친밀한 관계

1. 첫 1,000명의 충성 사용자

"열정적인 초기 사용자에게 집중하다"
#리프트 #링크드인 #엣시 #샤오미 #스포티파이 #스냅

프로덕트 론칭 후의 여정은 매일매일 시험 성적표를 받아보는 듯한 순간들이다. 프로덕트 관리자의 관심은 증가하는 사용자 수에 있을 수 있지만, 진정한 성장은 이러한 유혹을 넘어서야 가능하다. 우리가 초점을 맞춰야 하는 것은 늘어나는 가입자의 수가 아니라 열정적인 초기 사용자들이다. 이들은 스타와 팬클럽 관계와 같이 프로덕트의 성장에 있어 중요한 역할을 한다. 네트워크 프로덕트의 성공을 위해, 우리는 이러한 핵심 사용자를 찾아내고, 다른 사용자들이 그들처럼 행동하도록 격려해야 한다. 이런 접근 방식이 효과가 있다면, 사용자 집단의 활동은 네트워크 전체로 확장되고 프로덕트는 드디어 활성화되기 시작한다.

사실 이 방법은 인스타그램, 슬랙, 틱톡과 같은 유명한 네트워크 프로덕트의 성공 비결[19]이다. 이들은 열정적인 소수의 사용자를 중심으로 성장을 시작했다. 이를 통해 수천만 명에서 수억 명에 이르는 사용자 기반을 구축할 수 있었다. 우선 1,000명의 사용자를 모으는 것으로 도약을 시작해 보자. 이때 다음 5가지 방법으로 시작할 수 있다.

· 주변의 친구를 초대

프로덕트 초기에는 열정적인 사용자를 만드는 것으로 친구들만 한 것이 없다. 친구 초대는 앞으로 소개하는 여러 방법 중 가장 쉽고 실행 가능성도 높다. 이 방법을 처음 접하는 창업가들은 아마도 '겨우 친구 초대가 첫 번째 전략이었어?'라는 생각이 들 수 있다. 그러나 성공한 프로덕트는 그렇게 시작된 게 맞다.

택시 앱 리프트(Lyft)는 본격적인 사용자 타깃을 정하기 전에 친구들에게 개인 이메일로 초대장을 보냈다. 비즈니스 인맥 사이트 링크드인(LinkedIn)의 경우 팀 멤버들이 성공적인 커리어를 가지고 있는 친구들에게 연락해 첫 고객을 유치했다. 프로덕트 목적이 비즈니스 인맥을 위한 것이었기 때문이다. 핀터레스트(Pinterest)는 앱 출시 이후 창업가의 모든 친구들에게 이메일을 보냈다. 친구들이 프로덕트 첫 고객이 되었다. 얼리어답터가 되는 특별한 집단이 있을 거라고 사람들은 생각하지

---

19   레니의 뉴스레터 중 〈성공한 B2C프로덕트의 첫 고객 1,000명을 접하는 방법〉이라는 뉴스레터에서 네트워크 프로덕트에 적합한 방법을 소개했다.(https:// www.lennysnewsletter.com/)

만, 사실 핀터레스트의 얼리어답터는 창업자의 친구들이었다.

· 오프라인 공간

1,000명 사용자를 모으기 위해서 오프라인 공간을 찾아 나서는 방법은 단순하지만 효과적인 방법이다. 앞서 스몰 네트워크를 만들려면 적합한 장소가 필요하다고 설명한 바가 있는데, 그것과 같은 맥락이다.

온라인 데이트 및 소개팅을 위한 틴더(Tinder), 음식배달 플랫폼 도어대시(DoorDash)의 경우는 회사 주변 대학캠퍼스로 찾아가 출시한 앱을 소개했다. 대학캠퍼스는 그들이 원하는 사용자가 가장 많이 머무는 장소였기 때문이었다. 택시 앱 우버(Uber), 리프트(Lyft)는 택시 승객이 있는 대중교통 통행량이 많은 교통 허브 지역이나 자주 택시를 이용하는 스타트업 사무실이 시작점이었다.

수공예 상품을 사고파는 엣시(Etsy)는 공예 박람회를 찾아서 첫 고객들을 만났다. 주변 이웃과 이야기를 나누고 정보를 공유하는 소셜 네트워크인 넥스트도어(Nextdoor)는 프로덕트를 실험할 작은 동네를 찾았다. 넥스트도어가 찾은 동네는 캘리포니아의 로렐라이(Lorelei)라는 곳이다. 로렐라이는 이미 오프라인에 커뮤니티가 형성되어 있었기 때문에 주택소유자협회와 실험을 같이 할 수 있었다. 핀터레스트(Pinterest)의 창업자들은 첫 고객을 만날 장소로 애플스토어 매장을 선택했다. 그들은 애플스토어의 모든 아이폰 첫 화면에 핀터레스트를 깔아놓는 것으로 첫 시작을 했다고 당시를 회상한다. 이들은 1,000명 사용자를 모으기 위해서 모두 오프라인 공간을 찾아 나섰다.

· 온라인과 커뮤니티

사용자를 만나기 위한 오프라인 장소를 찾기 어려운 경우도 있다. 사용자들이 모여 있는 곳에 폐쇄적이거나 대상 사용자들이 흩어져 있는 경우도 있기 마련이다. 이런 경우에는 온라인 장소를 찾으면 된다. 세 번째 방법은 타깃 사용자가 있는 온라인과 커뮤니티에 접근하는 것이다.

클라우드 기반 파일 저장 및 공유 서비스인 드롭박스(Dropbox)는 해커뉴스 사이트에 'USB 드라이브를 버리세요'[20]라는 프로덕트 설명을 위한 간단한 비디오를 제작하여 공유한 것으로 유명하다. 드롭박스는 이 비디오를 통해 첫 사용자들을 만났다. 동영상 제작, 메신저, 실시간 비디오 SNS 뮤지컬리(Musical.ly)는 온라인에서 사용자 모집을 처음 시작했다. 뮤지컬리는 온라인 앱스토어를 통해 '인스타그램, 페이스북, 메신저에 대한 모든 효과를 사용하여 멋진 비디오를 만들어라'는 아주 긴 이름을 붙이고 검색엔진에서 사이트로 트래픽이 유입되도록 하였다. 이것이 뮤지컬리가 고객을 모으기 시작한 방법이었다.

중국의 제조기업 샤오미는 고객들을 만나기 위해 직접 온라인 게시판을 만들었다. 스마트폰 운영체제인 미유아이(MIUI)의 경우 첫 번째 내부 테스트 버전을 내놓을 당시 사용자 수는 100명이었다. 샤오미가 무명이고 인지도가 없었던 당시 공개된 게시판을 통해 사용자들과 소통했다. 게시판에서 프로덕트에 대한 사용 경험과 의견을 받으면서 시작했다. 게시판은 가장 오래된 인터넷 도구일 것이다. 당시 샤오미는

---

20   https://youtu.be/xy9nSnalvPc

담당 엔지니어 1명이 게시판 오픈 소스 코드를 기반으로 게시판을 오픈했다. 여기에 모인 초기 100명 사용자들은 샤오미에 귀중한 씨앗과도 같은 존재였다. 100명을 시작으로 이후 프로덕트에 애정을 가진 사용자 팬들이 생겨나기 시작했다. 이후에 미아이유 사용자 수는 6,000만 명을 넘었다. 샤오미는 당시 그들을 "꿈의 후원자들 100인"이라고 부르며 지금도 기념하고 있다.

· 인플루언서 활용

초기 사용자를 확보할 수 있는 강력한 방법은 인플루언서를 활용하는 것이다. 인플루언서는 다른 사람에게 영향을 미치는 사람이다. 따라서 프로덕트 주제와 연관이 있는 인플루언서와 함께 사용자를 모으는 것은 효과적이다. 인플루언서의 대상으로는 블로거, 뉴스레터 발행자, 트위터, 인스타그램, 유튜버 또는 실제 유명인이 될 수도 있다. 이 경우 직접적인 비용을 지불하거나 경품을 제공한다. 따라서 원하는 사용자에게 영향력을 줄 수 있는 사람이 누구이며, 프로덕트에 유도할 수 있는 계획이 필요하다.

인스타그램(Instagram)의 경우 프로토타입을 만들고 테스트를 시작할 당시 트위터 팔로워 수가 많은 몇 명에게 프로덕트를 사용하도록 했다. 인스타그램은 전체 팔로워 수가 많은 사람이 아니라 특정 커뮤니티, 온라인 디자인 커뮤니티에서 팔로워 수가 많은 사람을 선택했다. 인스타그램은 사진과 시각적인 요소가 공감을 불러일으킬 수 있는 것이 특징이었기 때문이다. 스포티파이(Spotify) 초기 성장 리더였던 스리람 크리슈난(Sriram Krishnan)은 스포티파이 출시 후 인플루언서를 섭외하여 침체되었던 시절을 돌파했다고 회상한다. 다음은 그의 언론과 인터뷰 내용이다.

> "마크 저커버그가 스포티파이에 대해 글을 쓰자, 페이스북의 숀 파커가 곧 연락을 해왔다. 우리는 언론인, 음악가, 기업 CEO 등 인플루언서를 섭외하여 모두 극찬을 아끼지 않게 했다. 그래서 사용자들이 모이기 시작했다"

인스타그램 출시에 도움을 주었던 트위터 초기 시절로 돌아가 보자. 그림은 트위터 초기 출시 당시 일별 차트이다. 이 서비스는 오픈 이후 천천히 가입자가 늘다가 미국의 기술 저널리스트이자 기업가로 유명한 옴 말리크(Om Malik)의 게시물이 올라오면서 매일 250명 이상 등록하는 계단식 성장이 시작되었다. 흥미로운 점은 당시 서비스 사용자가 500명 내외였기 때문에 옴 말리크의 게시글을 통한 확산은 입소문을 만드는 데 큰 도움을 주었다는 것이다.

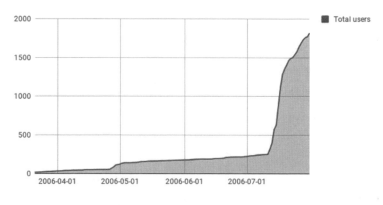

| 트위터 출시 당시 일별 사용자 추이
출처: 《Lenny's newsletter》

· 빅데이터, 스토리텔링, 뉴스재킹

미국의 채팅앱 스냅(Snap)은 빅데이터를 통한 스토리텔링이나 뉴스재킹(Newsjacking)[21]으로 사용자를 초대했다. 빅데이터를 통한 스토리텔링은 이렇다 할 비용을 들이지 않고도 사용자들을 참여하게 만드는 유용한 팁이다. 관심을 끌만한 주제에 빅데이터를 활용하여 시각자료를 만들고, 좋은 제목을 붙이면 된다. 뉴스재킹도 마찬가지다. 트렌디한 뉴스와 자사의 데이터를 대중매체를 통해 적극적으로 노출하고, 기회가 될 수 있는 큰 이벤트들을 살펴보며 신속하게 문건을 작성해 언론사와 접촉하면 된다. 큰 마케팅 비용 없이 초기 사용자의 관심을 끌 수 있으며, 이를 통해서 진짜로 준비해 놓은 핵심 활동인 채팅에 참여시킬 수 있다. 이것은 다소 일시적이며 고전적인 방법이지만 마케팅 비용이 부족한 스타트업에 유용한 방법이다.

지금까지 소개한 1) 주변 친구를 초대, 2) 오프라인 공간, 3) 타깃 사용자가 있는 온라인과 커뮤니티, 4) 인플루언서 활용 5) 뉴스재킹의 5가지 방법은 프로덕트 출시 후 사용자를 확보하기 위한 가장 현실적이면서도 달성 가능성이 높은 방법이다. 1개의 방법만을 고집할 것이 아니라 상황에 따라 적합하다고 생각하는 방법을 동시에 진행하는 것이 성공 확률을 높여줄 것이다. 여러 방법 중 어디서부터 시작해야 할지 고민이 된다면 기준은 명확하다. 가장 쉽고 비용이 적게 드는 것을

21　뉴스재킹(Newsjacking)은 기사나 뉴스에 관련된 특정 이벤트나 주제를 이용하여 자사의 브랜드 또는 비즈니스를 홍보하는 마케팅 전략입니다. 이는 뉴스 사건이나 트렌드에 민첩하게 대응하여 주목을 끌고 자사의 프로젝트, 서비스 또는 브랜드를 관련성 있는 내용으로 언급함으로써 홍보 효과를 높인다.

먼저 시작하고 시간, 돈, 노력이 많이 필요한 다른 방법으로 확장하면
된다.

첫 1.000명을 모으기 위한 5가지 방법

1. 주변 친구를 초대
2. 오프라인 공간 방문
3. 타깃 사용자가 있는 온라인 커뮤니티
4. 인플루언서 활용
5. 빅데이터를 통한 뉴스재킹

2. 초대받은 사람만 전략

"놓칠까 봐 두렵게 하다"

#핀터레스트 #클럽하우스 #리멤버 #스타벅스

 네트워크 프로덕트가 초기에 규모를 넓히는 방법은 다양하지만 국내 외를 통틀어 가장 유명한 방법이 바로 '초대받은 사람만' 전략이다. 앞 서 소개한 5가지 방법과는 달리 1,000명 고객 확보를 넘어 출시 초기 시장에서 사용자들 관심을 일으키고자 하는 의도적인 설계법이다. 이 방법은 프로덕트가 흥미로운 신상품이 될 가능성이 있다고 판단될 때, 사람들로 하여금 친구들에게 초대장을 구할 수 있는지 물어보게 하면 서 프로덕트 존재감을 알린다. 초대받지 못한 사람들은 초대받지 못했 다는 두려움 즉 FOMO[22]를 느끼게 만들고, 초대장을 구하는 과정을 통 해 직접 사용자와 잠재 사용자를 확보한다.

---

22 나 혼자 모르면 소외감을 느끼고, 사회성이 부족한 사람, 잘 어울리지 못하는 사람처럼 느껴진다. 이러한 심리를 일컫는 말이 FOMO(Fearing Of Missing Out, 유행에 뒤처지는 것에 대한 공포심리, 소외되는 것에 대한 불안감) 증후군이다.

사진 스크랩을 공유하는 소셜 네트워크인 핀터레스트(Pinterest)는 2010년 1월 초대 전용 커뮤니티로 시작했다. 핀터레스트 첫 번째 사용자는 공동 창업자 벤 실버먼이 채용한 디자인 블로거였다. 그는 독특한 아이디어와 창의적인 마음을 가진 아는 사람들에게만 입장권을 주자고 제안했다. 이 같은 방법으로 핀터레스트는 사이트에서 초대받은 사람만 가입할 수 있는 정책을 2012년까지 2년간 유지하면서 천천히 성장했다.

보이스 소셜 네트워크인 클럽하우스(Clubhouse)가 프로덕트 론칭 시에 '초대받은 사람 전략'을 활용했다. 그 결과 한 푼의 마케팅 비용도 사용하지 않고 오픈 초기에 전 세계적인 관심을 끌었다. 클럽하우스는 이 방법을 통하여 초기 네트워크 사용자 품질을 높게 유지했으며 아무나 들어오지 못하게 함으로 사용자들에게 FOMO를 만들었다. 또한 앱스토어 리뷰에 의존하지 않으면서도 고품질 사용자 확보를 하게 되었다. 심지어 클럽하우스는 애플 아이폰 출시와 같이 사용하고 싶은 사람들을 대기시켰던 것이다. 지금은 활성화가 되지 않고 있지만 론칭 효과만은 폭발적이었다.

음악 스트리밍 서비스는 스포티파이(Spotify)는 2008년 10월에 시작되었다. 출시 후에도 개발 무료서비스 초대만 유지했다. 스포티파이 가입을 원하는 사용자는 기존 사용자에게 초대를 받아야 했다. 스포티파이 초기 사용자는 처음에 친구와 공유할 수 있는 5개 초대권을 받았다. 초대받은 사람을 통한 가입은 스포티파이 성장 수준을 관리하는 데 도움이 되었을 뿐만 아니라 서비스에 바이럴 요소를 생성하는 데도 도움을 주었다. 즉 사용자를 제한하는 것이 오히려 사용자 성장을 만들게 된다.

'초대받은 사람만' 전략이 이렇게 오랜 기간 동안 사용되는 이유는 사용자를 데려오게 하는 것과 머무르게 하는 효과가 동시에 있기 때문이다. 초대는 새로운 사용자가 가입 시 환영한다는 의미도 전달한다. 초대를 통해 들어온 사람은 그들을 초대한 사람이 이미 있기 때문에 쉽게 탈퇴하지 않게 된다.

리멤버 앱에서는 명함교환을 한다. 새로운 사용자가 이 앱을 사용하는 시점은 언제일까? 명함교환 하는 앱이 신기해서 그 기능을 탐색하기 위해서 앱을 사용할까? 그렇지 않다. 누군가 나에게 명함을 보냈을 때 앱을 열어보게 되고, 앱에 진입하는 순간 나를 초대한 사람이 있다는 것에 리멤버 앱을 떠나지 않고 사용하기 시작한다. 그리고 다른 사람이 또 명함을 보내고 그렇게 5명 정도가 넘어가면 '나도 리멤버 앱으로 명함을 보내볼까?'라는 생각에 이르게 된다. 초대를 통한 성장은 티핑 포인트에 도달한 이후에도 계속 활용 가능하다. 누군가 나를 초대해 줬다는 것은 모든 사람에게 기분 좋은 일이기 때문이다.

이 전략은 웹3 프로젝트에서도 종종 애용된다. 스타벅스 오디세이 프로젝트는 기존 스타벅스 리워드 회원을 웹3 버전으로 전환하는 프로그램이다. 2022년 9월 공개하였지만 대기 명단에 이름을 올린 스타벅스 직원과 고객들 중에 초대장을 받은 인원만으로 서비스를 시작하였다. 블록체인 기반 SNS도 베타 서비스 기간 동안 초대받은 사람 위주로 가입을 받았기 때문에 블록체인 커뮤니티에서는 '프렌텍(friend.tech) 초대 코드 뿌려요~'와 같은 글들이 한창 유행하기도 했다.

'초대받은 사람만' 전략은 프로덕트가 네트워크 프로덕트이면서 높은 가치를 제공할 때 효과적이다. 이 전략은 사용자들과 함께 만들어 가는 과정이므로, 초대 과정을 설계할 때는 세심한 주의가 필요하다. 이를 위해, 설계 과정에서 다음의 3가지 요소를 고려해야 한다.

1) 과정을 단순하게 하는 것이다. 초대장을 받은 사용자가 다른 사용자를 초대 하기 위해서는 복사 & 붙여넣기 이상을 하면 안 된다. 단순한 초대 과정이 반복적으로 일어나면 네트워크 밀도가 높아지고 크기는 커진다. 네트워크 프로덕트 설계자들이 바라는 바이다.

2) 적합한 사람을 오도록 하는 것이다. 네트워크 프로덕트 제작자들은 초기에 가입하는 사람을 무작위로 선별하지 말아야 한다. 적합한 사람이 누구인지 신중해야 기초 쌓기가 가능해진다.

3) 초대받아 들어오는 사용자에게 의도된 경험을 푸시하는 것이다. 따라서 초 대받은 사람이 프로덕트 첫 접속 후 여러 가지 선택권이 주어지지 않도록 해야 한다.

'초대받은 사람만' 전략은 네트워크 프로덕트가 나온 이후 수십 년 동안 바이블처럼 사용되는 방법이다. 사용자 간 밀도를 높여서 프로덕 트가 강력한 네트워크 효과를 구축하도록 해준다. 밀도가 높아지면 사 용자는 프로덕트에 방문한 후 아는 사람들을 만날 수 있게 되어, 멋진 초기 경험을 할 가능성이 높아진다.

3. B2B를 위한 사적 연결 강화

"첫 10개의 고객 찾기"
#쿠켓 #바오밥헬스케어 #스트라이프 #피그마

프로덕트의 대상이 일반 사용자가 아니라 기업인 경우도 있다. 이런 경우 어떻게 적합한 기업고객에 연결하느냐가 프로덕트 성공의 갈림길이 된다. 때문에 네트워크 프로덕트일지라도 초기 기업고객을 찾는 것이 모든 B2B 프로덕트의 시작이다.

스타트업 전문가인 레니 라치츠키스(Lenny Rachitsky)는 B2B 프로덕트의 초기 론칭 과정을 듣기 위해 지금은 유명해진 슬랙(Slack), 스트라이프(Stripe), 피그마(Figma), 아사나(Asana) 출신의 초창기 구성원을 인터뷰했다. 라치츠키스는 과거에 에어비앤비(Airbnb)에서 프로덕트 관리 디렉터로 근무한 경력이 있다. 인터뷰의 주제는 B2B 프로덕트의 첫 10개의 고객을 찾는 법이었다. 인터뷰의 결과는 어떤 내용이었을까? 첫 고객은 창업자의 사적인 네트워크에서 온다는 것이 인터뷰의 공통점이었다.

대단한 비밀이 나올 것이라 생각할 수도 있겠지만 사실은 누구나 알 수 있는 매우 간단한 결과였다. 프로덕트 초기에는 아무런 힘도 없고 브랜드도 알려지지 않았기 때문에 무언가 획기적인 방법을 찾고 싶어 할 것이다. 하지만 초기 고객 확보를 위해 B2C 기업과 마찬가지로 지인에게 연락했던 것이다.

· B2B 기업을 위한 사적인 네트워크

스타트업이 만나야 할 고객이 대기업이라면 사적인 네트워크를 넓히기 위해 대기업에서 진행하는 오픈 이노베이션 프로그램에 관심을 가져야 한다. 현대자동차, CJ제일제당, GS리테일, 현대백화점 그룹 등의 기업은 오픈 이노베이션을 통하여 스타트업을 선발하고 기업과 연관된 실험적인 프로덕트를 접목시킨다.

GS리테일의 경우 MZ 세대에게 맞는 식품과 콘텐츠를 개발하는 쿠캣(Cookat)을 통해 오픈 이노베이션을 실험해 왔다. GS25와 GS더프레시는 쿠캣과의 협력을 통해 대표 상품인 딸기 속 찹쌀떡 상품 등 여름용 디저트 상품을 개발하고 판매한 도입한 바 있다. 현대그린푸드는 스타트업 기업 바오밥헬스케어와 식물성 재료를 활용한 대체육 식품을 실험했으며 나노(Nano)와는 스티로폼 사발면 용기 대신 친환경 용기를 만들어 내는 등의 실험을 진행했다. 모두 대기업이 스타트업에 필요한 프로덕트를 첫 생산부터 실험할 수 있는 기회를 만들어 주었고, 실험에 성공한 스타트업은 대기업의 유통 네트워크를 활용했다.

최근에는 국내 대기업들이 오픈 이노베이션을 넘어 기업형 벤처캐피털(CVC: Corporate Venture Capital) 설립에 적극적이다. CVC는 기업이 경영전략과 연계한 투자를 실행하기 위해 만든 VC의 일종이다. CVC를 통해 투자 역량을 강화함과 동시에 신성장 동력을 발굴하겠다는 목적에서다. 정부 역시 기업의 CVC 설립 규제를 점차 완화하겠다는 뜻을 밝혀 CVC 대세론에 힘을 실어주고 있다. 스타트업들에게 이런 추세는 자금 확보의 길이 넓어짐과 더불어 투자 기업과 연계된 비즈니스 기회를 얻을 가능성도 커질 수 있다. 실제로 2023년에는 대기업 중 대웅인 베스트먼트가 바이오 투자조합을, LX벤처스가 반도체 기술 소재 분야를, 두산그룹이 전기차용 에너지, 물류 자동화 솔루션, 신생 에너지 산업 관련 스타트업 발굴에 나섰다.

프로덕트의 주제가 특정 산업에 특화되어 있다면 연구개발특구진흥재단[23]의 강소특구 프로그램을 통해 기업과 연결할 수 있다. 강소특구란 대학, 연구소, 공기업 등 지역에 위치한 주요 거점 기술핵심기관(Innovation)을 중심으로 한 소규모·고밀도 집약 공간(Town)이다. 과학기술정보통신부에 의하여 R&D 특구로 지정·육성하는 정부주도의 사업이다. 이는 관련 기업과 스타트업이 만날 수 있는 기회가 된다.

· 당근마켓의 사적인 네트워크

지금은 유명해진 당근마켓이 초기 사용자를 늘리기 위해서 어떤 방

---

23 https://www.innopolis.or.kr/inno

120

법을 선택했을까? 당근마켓의 창업자들이 처음 시도한 사용자 확보 방안은 아파트 단지에 전단지를 붙이는 광고였다. 그러나 결과는 참담했다. 그리고 또다시 앱 설치당 5,000원을 지불하는 마케팅을 했으나 역시 기대에 미치지 못했다. 일주일에 비용 100만 원을 지출할 경우 앱 다운로드 수가 200건 정도였다. 이 당시 김용현 대표는 "해볼 만한 마케팅은 다 해봤다"라고 말했다. 하지만 이런 경험은 스타트업 구성원 누구나 경험했을 법한 시도들이다.

막막해하던 창업자들에게 전환점이 된 사건은 갑작스럽게 700명의 육아맘 고객이 당근마켓에 가입한 것이었다. 창업자들은 이 순간을 당근마켓이 한 단계 업그레이드되는 순간이라고 평가한다. 갑작스러운 가입자의 증가 이유는 전 직장 동료가 당근마켓을 써보고 괜찮다는 리뷰를 판교 맘카페에 올린 덕분이었다. 전략적인 접근의 결과는 아니었다. 지인이 창업했다고 하니 한번 사용해 본 것이다. 이후 사용 경험을 홍보해 주자라는 선의가 당근마켓의 새로운 전환점이 되었던 것이다.

당근마켓은 의도하지 않게 지인을 통해 확산되었지만 의도적으로 이런 활동을 할 수도 있다. 동료나 친구 같은 지인이나 투자자 또는 스타트업 인큐베이션 프로그램에 가입하여 사적인 네트워크를 구축하는 것이다. 처음부터 프로모션을 하는 것은 그만큼 비용이 들게 되고 언론과 접촉하는 것은 인지도가 낮은 상태에서는 가능성이 높지 않다. 최근 기업들은 오픈 이노베이션을 통하여 스타트업들에게 여러 실험을 할 기회를 주고 있다. 이런 사적인 네트워크에 가입하여 첫 고객을 만날 기회를 얻을 수 있으며 창업자들의 가족이나 친구들 그리고 이전 회사 동료들로부터 사업의 첫 고객을 만나게 된다.

4. 도구 보러 왔다가
네트워크에 빠지다

"가장 시급하게 필요한 것부터"
#더데이비포 #핀포인트 #MS오피스

이번에 소개할 전략은 처음에는 특정 사용자를 위한 혜택을 제공하여 시작하지만 점차 양면 또는 다면 네트워크로 확장하는 전략이다. 처음에는 기술 도구나 프로덕트 때문에 사용하던 사람들이 이후에 그 프로덕트가 제공하는 네트워크 경험 때문에 머무르게 하는 것이다. 이 방법은 a16z의 크리스 딕슨의 2015년 에세이 〈도구를 보러 왔다가 네트워크 때문에 떠나지 못하네〉[24]로 알려졌다.

---

24 〈Come for the tool, Stay for the network〉 (https://cdixon.org/2015/01/31/come-for-the-tool-stay-for-the-network)

· 디데이 계산에서 네트워크로

디데이 계산 유틸리티 앱 더데이비포는 2023년, 2024년 2년 연속으로 애플 앱스토어의 '한국이 만들고 세계가 즐기는 앱 31'에 선정되었다. 아이폰에 없는 도구를 제공하는 것을 시작으로 지난 14년간 디데이, 기념일 분야에서독보적인 입지를 다졌다. 다양한 사용자들이 유입되면서 특히 연인들이 기념일을 챙기는 부분에 대한 요청이 생겼다. 이 요구로 '커플 디데이' 앱을 만들게 되었다. 혼자서만 사용하던 디데이 계산 기능은 커플 간의 기념일, 서로의 생일, 데이트 일기 등을 선보이며 발전 중이다. 또한 디데이를 계산하는 도구가 성공적으로 자리매김함으로써 가족, 지인 등의 관계를 강화시키는 것부터 영화 개봉일, 제품 출시일 등 기업과 사용자를 연결하는 앱으로까지 가능성을 보여주는 앱으로 성장하고 있다.

· 부동산 관리 도구에서 네트워크로

'D2L(Digital to Local)' 기업을 지향하는 스타트업 핀포인트는 빌딩 OS[25]를 기반으로 한 공간관리 솔루션과 사용자용 모바일 솔루션을 제공한다. 사용자용 모바일 솔루션을 통해 빌딩OS와 연결하여 회의실 예약, 방문자 초대, 주차 확인 등 사무실에서 필요한 기능을 가능하게 해

---

25 빌딩OS는 핀포인트의 프로덕트 중의 하나로 건물 운영 및 관리에 필요한 시스템, 로봇, IoT 솔루션과 서비스를 통합하여 다양한 공간에서 일관된 디지털 경험을 제공하는 플랫폼이다. 이를 통해 건물 소유자, 입주사, 공간 이용자 등 모든 이해 관계자들에게 편리하고 효율적인 건물 운영 및 최상의 사용자 경험을 제공한다.

준다. 그리고 이런 유용한 기능은 주변 건물과 여러 회사를 연결하는 네트워크로 확장한다. 네트워크화된 프로덕트를 사용하는 고객사로는 소셜 커머스 기업 티몬이 대표적이다. 티몬은 핀포인트의 솔루션을 도입하여 강남구 신사동 가로수길에 위치한 여러 건물을 마치 하나의 캠퍼스처럼 사용할 수 있게 되었다. 프로덕트가 편리한 기능으로 끝나지 않고 건물과 사람을 연결하는 네트워크 프로덕트로 발전한 것이다.

또한 핀포인트의 프로덕트는 2024년 3월 이지스자산운용이 준공한 팩토리얼 성수에 적용이 되면서 사전 임대율 100%를 달성한다. 이러한 사례를 기반으로 삼성전자가 새로운 기술에 투자/육성하는 C-Lab Outside 2024에 선정되었다. 핀포인트의 안진혁 대표는 "디지털 기술을 부동산의 가치를 높이는 도구로 접근하기보다는 그 공간에서 일하는 사람의 경험을 혁신하는 데 초점을 맞추었다"라고 설명한다.

마이크로소프트도 MS오피스 프로덕트를 네트워크로 확장하며 사용자를 머물게 만들었다. 오피스 프로그램은 자신만의 컴퓨터에서 작성하고 보관하는 용도로 사용되었지만, 확장된 오피스는 협업 편집, 사용자 댓글 등과 같은 네트워크 기능이 추가되었다. 네트워크가 허용되는 문서를 공유하는 것은 단순히 복사하고 붙여넣기와 같이 쉽다. 따라서 동료들과 공동작업을 가능하게 했다. 이것이 MS오피스가 추가한 네트워크 기능이다.

· 도구 + 네트워크의 성장패턴

위의 사례를 살펴보면 도구와 네트워크 사이에는 성장을 위한 패턴이 있다는 것을 알게 된다. 도구는 영상, 사진, 이력서, 명함관리 등의 콘텐츠 편집과 사용을 위한 편의성을 제공한다. 네트워크는 도구와 결합하여 사람들이 다른 사람과 상호작용 할 수 있도록 해준다. 도구와 네트워크가 합쳐진 프로덕트를 생각해 보면 쉽게 상상할 수 있다.

도구 + 네트워크

창작물 + 네트워크 = 인스타그램, 링크드인

기록물 + 네트워크 = 깃허브

명함 + 네트워크 = 링크드인, 리멤버

업무 + 네트워크 = 슬랙, 플로우

디데이 계산 + 네트워크 = 커플 디데이

부동산 관리 + 네트워크 = 핀포인트 빌딩OS

도구에서 네트워크로

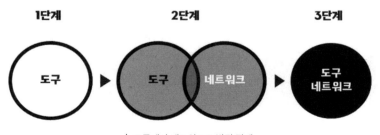

| 도구에서 네트워크로 발전 단계

이 전략이 효과가 있는 것은 사실이지만 실행 시 네트워크 프로덕트로 가는 것을 보장하지는 않는다. 네트워크로의 확장을 위해서는 사용자들이 행동을 바꿔야 하지만 아주 소수의 사용자만 전환이 일어나기 때문이다. 많은 사람들이 도구만 필요하고 네트워크를 필요로 하지 않는다. 도구와 네트워크의 결합을 긴밀하게 만드는 것은 세밀하게 사용자 경험을 설계해야 하므로 난이도가 높은 일이다.

그럼에도 불구하고 네트워크 프로덕트를 만드는 기업이 이 전략에 대해서 관심을 가져야 하는 이유는 네트워크를 퍼뜨리는 것보다 도구를 퍼뜨리는 것이 쉽기 때문이다. 이는 초기 네트워크가 작을 때에 시장에서는 도구가 네트워크 효과보다 중요하다는 것을 의미한다. 건물관리, 문서작성, 디데이 계산 도구처럼 유용하다고 판단하면 사용자들은 계속 사용한다.

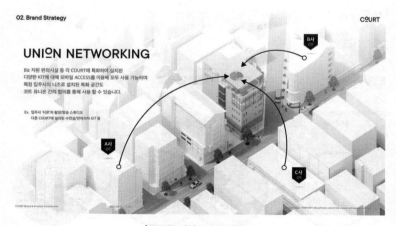

| PNPT 빌딩OS 1.0 개념도

5. 사용자 주도 혁신 촉진하기

"극도로 쉬운 확산 도구를 제공하다"
#토스증권 #캐시노트

아침부터 친한 친구가 동창들이 모여 있는 단톡방으로 메시지를 보냈다. 확인해 보니 토스증권에서 진행하는 '가위바위보 게임'이다. 이기면 주식 최대 1,000만 원의 상금이 걸려 있는 게임이었다. 주식 하는 사람에게 가위바위보는 우습지만 1,000만 원은 눈에 띈다. 또한 가위바위보 게임으로 포장되었지만 친구들에게 자연스럽게 토스증권을 권하는 것이 된다. 어떻게 보면 친근하면서도 영리하다. 친구를 활용해서 다른 친구에게 토스의 프로모션에 참여하도록 권하고 있기 때문이다.

증권 서비스를 사용하는 행동은 다른 사람과 같이 공유할 일이 없다. 그러나 토스증권은 가위바위보 게임을 통하여 같이하는 경험, 즉 네트워크를 증권 앱에 활용하고자 하는 것을 알 수 있다. 그렇다면 토스는 왜 이런 마케팅 활동을 하는지 살펴보도록 하자.

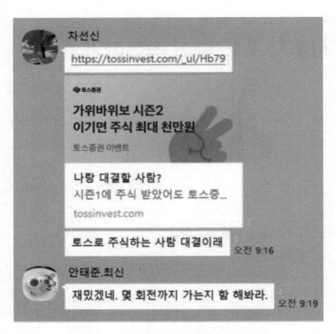

| 토스증권의 가위바위보 게임 전달 화면

   먼저 토스 앱 설치를 위한 효과적인 방법이기 때문이다. 게임에 도전 받은 사람은 앱이 없으면 앱을 설치해야 참여할 수 있다. 20, 30대가 많이 사용하는 토스가 증권을 통해 40대 이상의 사용자에게 확장하고자 할 경우 이 방법은 효과적이다. 이 프로모션은 작동하는 방식이 다른 증권사의 프로모션과는 다르다. 사용자가 다른 사람에게 게임을 걸어야 참여할 수 있는 구조이다. 처음 자극은 토스가 아니라 지인을 통해 받으며 그 행동을 위한 보상으로 상품 1,000만 원을 걸었다.

   다음으로 바이럴 마케팅의 효과적인 방법이 된다. 바이럴 마케팅은 사용자를 데려와서 네트워크를 성장시키는 방법이라고 설명한 바 있다. 게임을 받은 내가 재미있다면 내 친구, 가족에게 전한다. 참여하는 방법이 아주 쉽기 때문에 10초 안에 연속해서 참여할 수 있다. 이처럼 토스의 가위바위보 프로모션은 철저히 네트워크를 염두에 둔 기획이다.

이처럼 고객을 직원처럼 마케팅에 나서도록 하기 위해서는 2가지가 필요하다. 하나는 극도로 쉽게 도구를 제공하는 것과 상호혜택을 주는 것이다. 토스의 경우 쉽게 도구를 제공했다.

> **주소를 복사한다.**
> **친구에게 카카오톡으로 보내준다.**

이렇게 2가지만 하면 끝이다.

복사하고 붙여넣기 도구는 '초대받은 사람만' 전략에서도 확산을 위해 소개한 방법이다. 이런 복사하고 붙여넣기 방식이 계속 일어나도록 하면 토스증권은 성장한다. 토스는 모든 프로덕트에 네트워크가 성장하는 공식을 적용하는 것으로 보인다. 토스증권의 방법은 그간 일반적인 증권회사 앱이 마케팅을 하는 방식과 다르다. 일반적인 증권 앱이 보통의 프로덕트라면 토스증권은 네트워크 프로덕트가 되고 싶기 때문일 것이다.

카카오톡을 통한 소상공인 간편 매출 관리 서비스인 캐시노트에는 이런 복사하고 붙여넣기 도구를 만드는 것조차 사치인 시절이 있었다. 토스처럼 개발자 인력과 예산이 충분하면 좋겠지만 대부분의 경우 그렇지 못하다. 캐시노트 영업사원이 소상공인 상점 전부를 직접 만나는 것은 현실적으로 불가능했다. 영업사원이 아무리 유능하다고 해도 수천 명이 필요하게 되므로 답이 없는 방식이었다. 이런 상황에서 직접 안 만나고, 사장님들이 주위 사장님들에게 추천하게 만들자는 마케팅을 생각해냈다. 드라마틱한 아이디어도 아니고 누구나 알고 있는 방법이었지만 이 방법은 캐시노트 성장의 전환점이 된다. 첫 달 1,000개 가맹점이 들어왔던 것이다. 원인은 한 회원이 동창회 단톡방에 캐시노트를 사용한 후 유용하다는 추천 글을 올렸기 때문이다.

전통 프로덕트에서는 사용자는 사용자이고, 직원은 직원이다. 직원들 또한 프로모션 설계에 고객을 개입시키지는 않는다. 반면 네트워크 프로덕트에서 사용자는 곧 직원이 된다. 그들은 주말이나 휴일에도 쉬지 않고 프로덕트를 홍보하는 등 사장이 해야 할 일을 하게 된다. 초기의 이런 사용자들 중에서는 성장기에는 수익을 나누고, 사업자가 되어 비즈니스 모델의 핵심적 역할을 하는 사용자로 발전하게 된다.

6. 닭과 달걀 문제에 대한 해결책

"양쪽을 서로 연결하도록 하다"
#트위치 #아프리카TV

웹툰 퀴즈 프로덕트를 만들고 싶어 하는 스타트업 창업자를 만났다. 1시간의 짧은 미팅을 앞두고 미팅에서 가장 얻고 싶은 해답이 무엇인지에 대해 이메일로 질문을 보냈더니 다음과 같은 내용을 보내주었다.

> "플랫폼으로서 저희 회사는 퀴즈콘텐츠 제공자를 위해 사용자가 많아야 하고, 사용자를 위해 퀴즈콘텐츠 제공자가 많아야 합니다. 닭이 먼저냐 달걀이 먼저냐인데 이러한 양면 시장에서 폐사는 퀴즈콘텐츠 제공자를 늘리는 게 중요하다고 판단하여 외부 출판사와 협력하여 자체 퀴즈콘텐츠를 만들어 준비 중에 있습니다. 이것 외에 초기 유저를 늘릴 수 있는 다른 방안이 있을까요?"

이런 질문은 네트워크 프로덕트를 만드는 스타트업을 만날 때 반복적으로 듣게 된다. 양면 시장을 다루어야 하는 네트워크 프로덕트에서 어떤 영역에 먼저 접근해야 하는지가 고민이다. 이 같은 닭과 달걀 문제는 네트워크 프로덕트를 만드는 플랫폼 사업자가 풀어야 할 도전적인 과제 중의 하나일 것이다.

질문을 보내준 창업가는 닭과 달걀의 문제는 그간 여러 곳에서 들었다고 했다. 가장 우선적으로 해결해야 할 숙제로 생각하고 있었다. 그런데 이런 질문을 받으면 또한 드는 생각은 마치 닭과 달걀의 문제를 해결하면 성장의 한 방법을 보장받은 것처럼 여기고 있는 것은 아닌지 하는 것이었다.

닭과 달걀 문제란, 2가지가 서로 필요한 상황에서 발생하는 어려움을 의미한다. 상거래에서 이 문제는 프로덕트가 필요한 소비자 요구가 없으면 상점이 그 프로덕트를 공급하지 않는다는 것이다. 상점이 물건을 제공하지 않으면 소비자는 그 물건을 구매할 수 없다. 이 문제를 어떻게 다루느냐에 따라 초기 프로덕트의 성장이 결정된다.

그런데 어려운 질문과는 다르게 이 문제의 해답은 간단하다. 영향력이 더 강한 쪽을 선택하는 것이다. 구인·구직 사이트에서는 어느 쪽이 더 영향력이 강할까? 직업을 찾는 사람일까? 직업을 공급하는 사람일까? 구인·구직 면에서 두 사용자 중 더 영향력을 가진 사용자는 직업을 공급하는 기업이다. 우버는 택시 기사와 승객 중 누구의 영향력이 크다고 판단했을까? 우버는 택시 기사라고 판단하고 초기에 기사들에게 보조금을 지급하는 결정을 한다. 이처럼 닭과 달걀의 문제에 대한 올바른 판단은 성장의 시작이 된다.

상거래 비즈니스의 경우에는 어떨까? 구매자인가 판매자인가? 대부분의 상거래 비즈니스에서는 판매자가 준비되어야 구매자가 방문하기 때문에 판매자 확보가 우선된다. 초기 성장 단계에서는 값싸고 품질 좋은 프로덕트를 공급하는 판매자가 영향력이 크기 때문이다.

· 강한 자를 지원하기

막강한 영향력을 가진 쪽을 선택하기 위해서 프로덕트 운영자들은 일반적으로 비용을 보장하는 방식을 사용한다. 우버의 운전자에게 보조금을 지급하거나 아마존에서 셀러에게 최저 판매금액을 보장하는 방식, 그리고 토스처럼 송금을 할 때 일정 금액을 지급하는 것은 매력적이고 쉬운 방법이다. 다만 비용이 많이 드는 방식이므로 초기 사용자를 모을 때는 유용하지만 지속적이지 못하다는 단점이 있다. 비용에 대한 부담으로 우버는 수수료 제도를 변경하게 된다. 이처럼 네트워크의 공급자를 지원하는 것은 종류가 다른 네트워크 프로덕트에서도 효과가 있다.

넷플릭스나 트위치, 아프리카TV를 비롯한 미디어 네트워크의 경우에서도 이와 같은 이유로 콘텐츠 창작자에게 일정 금액의 수수료를 보장한다. 그러나 성장 도약을 위해 직접적인 돈을 지급하는 것은 위험한 방법이다. 이 방법은 초기 효과가 있지만 지속적이지 않기 때문에 네트워크 확립을 위한 초기 기간에만 적용해야 한다.

닭이 먼저냐 달걀이 먼저냐? 질문은 수십 년 전부터 양면 시장을 다루어야 하는 모든 스타트업이 받았던 질문이다. 하지만 이 유명한 질문을 잘못 해석하면, 어느 쪽인지 답을 찾으면 해결책도 찾게 되는 것 같은 착각을 준다. 질문의 표면적인 대답은 간단하다. 영향력이 큰 쪽을 선택하는 것이다. 그러나 선택을 잘했다고 문제의 답을 찾은 것은 아니다. 보이지 않는 또 다른 질문은 다른 쪽과 어떻게 연결하느냐 하는 것이다. 따라서 닭이 먼저냐 달걀이 먼저냐에 대한 적절한 해답을 이야기하자면 이렇다. 영향력이 큰 쪽의 사용자를 선택하고, 다른 쪽과 서로 연결되는 것으로 완성하라.

7. 플린트스토닝 기법과
프로덕트의 발전

"수동으로 사용자 행동을 연결하다"

#도어대시 #포스트메이츠 #배달의민족 #레딧

플린트스토닝(Flintstoning)은[26]은 세계적인 기업들을 만든 초기 방법론이다. 스타트업 투자자 앤드루 첸이 네트워크 초기의 활성화 방법 중에 하나로 언급하여 실리콘밸리에서 널리 활용되는 용어가 되었다. 플린트스토닝의 의미는 매우 간단하다. 즉 상품에서 빠진 기능을 인간의 노력으로 대체하는 것을 뜻한다. 한국 사람에게 익숙한 용어로 바꾸자면 아마도 '노가다 기법' 정도가 될 것이다.

필자의 경험상 대기업들은 이런 방법을 선호하지 않는다. 프로덕트 제작에 외주를 활용하는 경우가 많고 그만큼 비용이 모자라지도 않기

---

[26] '플린트스톤'은 미국의 TV 시리즈로 '플린트스톤 가족'을 기반으로 한 미국인에게 대중적인 애니메이션이다. 드라마는 스톤에이지 시대를 배경으로 한 가족 이야기를 다룬다. 이 드라마는 미국의 애니메이션 역사에서 중요한 위치를 차지하며, 옛날 구식의 방식에 대한 이야기를 생각나게 하기 때문에 첨단기술이 아니라 구식의 수동적인 것을 상징하는 표현으로 사용되었다.

때문이다. 반면 성공한 스타트업의 초기에는 창업자들의 인터뷰에서 대부분 이런 방법을 이야기한다. 소수의 팀으로 시작하고 예산도 많지 않아서였겠지만 네트워크 프로덕트를 만드는 훌륭한 초기 접근법이기 때문이다.

초기에 개발자들은 프로덕트의 기능을 직접 넣기보다는 백엔드에 있는 도구를 사용하여 수동으로 처리하고 요구사항에 대한 목록을 받는다. 같은 요구사항이 많아지면 사용자들이 만족하도록 마침내 기능을 만든다. 플린트스토닝은 콘텐츠 활성화를 돕거나 초기 신규사용자들을 붙잡는 방법이기도 하다. 예를 들어, 유튜브는 처음 창업자가 직접 업로드를 하며 사용자 영상과 콘텐츠를 만들었다. 이렇게 초기 네트워크가 형성이 되면 플린트스토닝 기법은 가속도가 붙으면서 자동화를 향해 진화한다.

음식배달 앱 도어대시(DoorDash)와 포스트메이츠(Postmates) 같은 서비스는 많은 식당을 수동으로 연결했다. 앱에서 고객이 주문하면 지역 식당에 배달원을 보냈다. 배달원은 고객처럼 행동하여 음식을 샀다. 나중에 그 수요가 많아지면 배달 앱은 식당과 직접적인 관계를 맺고 앱에 등록하도록 하는 식으로 작동하게 만들었다. 배달의민족도 초창기에 앱으로 들어온 주문을 가맹점주에게 전달하는 데 디지털 인터페이스가 아닌 전화를 활용했다. 앱을 통해 들어온 주문을 배달의민족 직원들이 일일이 가맹점주에게 전화를 걸어 전달한 것이다. 한 세미나에서 김봉진 대표는 인터페이스 자동화 과정을 다음과 같이 설명했다.

| "경쟁자의 속도는 빨랐다. 조직의 인터페이스에 대한 설계, 인식, 적용 면에

서 우리는 한다 하고는 아직 구현하지 못한 기능을 그들은 벌써 만들었다고 해서 깜짝 놀랐다. 경쟁에 대응하기 위해서 앱에서 고객이 주문하면 서버에서 받아서 자동으로 주문되는 것처럼 한 다음, 실제로는 우리 직원들이 직접 음식점에 전화를 걸어서 '짬뽕 두 그릇 주문이요' 하는 원시적인 방식으로 운영했다. 앱 주문의 기능이 자동화될 때까지 몇 달 동안 매일 밤늦게까지 전 직원이 고객 대신 전화를 걸어 주문했다. 당시 《조선일보》에서 〈무늬만 최첨단, 원시적 음식배달 주문앱〉이란 기사가 난 적도 있다. 하지만 원시적이면 어떤가, 이기기만 하면 되지! 스타트업은 몸으로 때우는 것이 최고다"

배달의민족은 이용고객이 많지 않은 초창기에 인터페이스를 자동화할 필요가 없다고 판단했다. 물론 수동으로 주문을 받는 동안 자동화 과정을 준비하고 있었고, 지금은 전국의 수많은 사용자와 점주들이 사용하는 앱이 되었다.

온라인 커뮤니티인 레딧(Reddit)의 창업자들은 처음 레딧을 론칭할 때 이 방법을 사용했다. 다음은 창업자들의 말이다.

"귀신이 나오는 마을에 살고 싶은 사람은 없다. 텅 빈 커뮤니티에 가입하려는 사람도 없다. 초창기 시절 첫 페이지에 좋은 콘텐츠가 있는지 확인하는 것이 우리의 일이었다. 우리가 깡통 계정을 이용해서 직접 포스팅한 것들이었다. 그러지 않았다면 레딧은 말라붙었을 것이다"

플린트스토닝의 핵심은 네트워크의 초기 사용자의 역할을 대신하거나 지원하는 것이다. 사용자들의 자발적인 활동이 시작되거나 그 역할을 소프트웨어가 대신하기 시작했다면 고단한 수동 작업을 중단할 수 있다. 이것은 결국 알고리즘이나 자발적인 참여자들로 대체된다. 현재 훌륭하다고 평가받는 많은 기업의 알고리즘들은 이렇게 시작되었다. 플린트스토닝 기법은 네트워크 성장의 초기에 프로덕트가 자립할 수 있도록 지탱해 주고, 진짜 성장을 할 수 있도록 이끌어 준다. 게다가 점차 수동업무가 사라지면서 그 일에 참여하는 핵심 사용자를 배출하게 되거나 훌륭한 알고리즘의 기획 초안으로 남게 된다.

8. 핵심 성장 요소 3가지

"성장 사이클을 만들다"
#참여 #바이럴 #수익

비즈니스 조직은 환경에 적응하며 발전한다. 일상적인 작업을 반복함으로써 어느 정도 숙련도는 달성할 수 있지만, 이것만으로 모든 이가 능숙해지는 것은 아니다. 마치 게임을 오래 해도 모두가 프로게이머가 되지 않는 것처럼, 프로덕트가 대중에게 인정받기 위해선 특별한 전문성이 필요하다.

네트워크 프로덕트를 특별하게 만들기 위해 필요한 것은 사용자의 지속적인 참여, 바이럴을 통한 새로운 사용자 유입, 그리고 이들의 구매로 이어지는 수익화라는 3가지 요소이다. 이 각 3가지의 항목들이 각각 독립적으로 기능을 하되 또한 각각이 연결되어야 한다. 이들이 긴밀하게 연계될 때 프로덕트는 강화되고, 비즈니스는 더 높은 단계의 성장을 이룰 수 있다.

· 참여

어떤 프로덕트의 사용자가 늘어나면서 그 상품을 사용하는 시간이 점점 더 길어지고 그 상품에 관심을 갖게 될 때 일어나는 현상이 참여이다. 이것은 바로 네트워크 효과를 설명할 때의 전형적인 설명이다. 네트워크에 가입한 사용자가 많을수록 네트워크는 유용해진다. 여기서 네트워크의 밀도가 증가하면 더 가치가 높아진다. 예를 들어 SNS에서 친구가 들어오면 많은 시간을 보낼 수 있고 더 유용해진다. 또한 유명 인사가 같은 네트워크에서 활동하면 더 재미있어진다. 처음에는 친구의 소식과 잡담을 하던 것에서 참여자 수가 늘어나고 친구를 맺으면 다양한 형태로 확장이 가능하게 되는 것이다. 참여자가 늘어날수록 사용자가 느끼는 프로덕트 매력이 높아져서 활동하는 시간이 늘어난다. 이것은 네트워크에 더 오래 머물도록 해주는 직접적인 원인이 된다. 이런 현상이 반복되면서 기업 가치와 사용자 혜택을 늘린다. 이것이 네트워크 효과다.

· 바이럴

네트워크 프로덕트는 1명의 사용자가 단지 그 프로덕트를 사용하는 것만으로도 친구나 동료를 끌어들인다. 이러한 현상 때문에 고객 획득 비용은 기업 간 경쟁으로 상승하지 않고 낮게 유지할 수 있다. 바이럴 효과는 사람들을 추천한 사용자에게 보상을 주는 것, 주소록을 이용하여 어떤 앱에 추가할 사람을 추천해 주는 기능, 그리고 초대 과정에서 중요한 순간마다 전환율을 개선하는 것이다. 이러한 기능은 모두 신규 가입자 수를 늘리고, 고객 획득 비용을 낮추는 데 도움을 준다. 네트워크 프로덕트가 전통 프로덕트에 비해서 마케팅 비용을 줄일 수 있고 수익을 증가시킬 수 있는 이유는 바로 이 바이럴 효과 때문이다. 바이럴 효과가 있는 네트워크 프로덕트는 네트워크 안에 연결된 지인이 있다는 것을 의미한다. 연결된 지인이 있다는 사실은 일반 프로덕트보다 탈퇴자 수를 감소시켜 준다.

· 수익화

네트워크 효과는 시간이 흐르면서 피드 알고리즘, 증가한 전환율, 프리미엄 가격 정책 등의 형태로 비즈니스 모델을 개선한다. 따라서 마케팅 비용을 줄이고 네트워크 프로덕트를 통한 수익화를 가능하게 해준다. 예를 들어 많은 사람들이 사용하게 되면 차별화된 프리미엄 기능을 원하게 되고 이것은 수익모델을 만드는 기회가 된다. 또한 프로덕트의 가치가 높을 경우 처음부터 유료서비스로 시작할 수 있다. 다만 처음부터 유료서비스를 시작하는 프로덕트도 무료 사용자를 고려해야 한다. 무료 사용자가 많아지면 이에 따라 차별화할 수 있는 유료 상품으로 구매 전환율을 높일 수 있는 기회가 된다. 전환율이 증가하면 수익이 증가한다.

참여, 바이럴, 수익화는 프로덕트 관리자들을 위한 분류체계로도 사용 가능하다. 상품을 관리하기 위해 중요한 활성 사용자는 결국 수익과 연결되기 때문이다. 활성 사용자는 신규 가입자와 얼마나 많은 기존 가입자가 참여하고 남아 있는지를 포함한다. 수익화는 활성 사용자의 구매 결과이며 사용자 각각이 생성하는 평균 수익이다. 그 수익은 사용자가 직접 구매하거나 광고 수익에서도 가능하다. 또 다른 지표인 성장률은 시간이 흘러도 이러한 네트워크 효과를 반복해서 확장할 수 있는 능력이다. 이것은 다음과 같은 성장 방정식으로 관계를 볼 수 있다.

· 활성 사용자의 손익 = 신규 + 재활성화 - 해지

이것은 네트워크 프로덕트를 관리하는 데 사용 가능하지만 구독서비스에서는 활성 구독자로도 활용할 수 있다. 이런 지표를 활용하면 목표에 따라 무엇을 해야 할지 명확해진다. 모든 프로덕트를 이런 식으로 생각해 볼 수 있다.

네트워크 효과를 이야기할 때는 보통 '참여'만을 이야기하지만, 본격적인 성장을 하는 네트워크 프로덕트의 성공은 참여 후에 사용자가 계속 찾아오는 '바이럴'이 일어나야 하고 프로덕트에 머물면서 참여하는 활동이 자연스럽게 '수익화'로 연결되어야 한다. 3가지가 연결되어 작동하면 성장 사이클이 만들어진다. 참여가 늘어나서 리텐션이 강화된 프로덕트는 활성 사용자가 구매자로 연결되어 돈을 더 많이 벌게 하고, 다시 더 많은 참여를 유도하는 선순환이 가능하다. 우리가 원하는 네트워크 프로덕트의 모습이다. 이것이 작동하면 네트워크 프로덕트는 폭발적인 성장을 하게 된다. 구체적인 방법은 이후부터 3장에 걸쳐서 살펴볼 것이다. 폭발 성장은 참여, 바이럴, 수익화라는 3가지 단계의 반복 순환을 통해 만들어진다.

네트워크 효과 에센셜 3.
네트워크 밀도와 방향성

#밀도 #방향성

· 네트워크 밀도

　네트워크의 밀도는 링크와 노드의 비율에 따라 결정된다. 일반적으로 네트워크의 밀도가 높을수록 네트워크 효과는 더욱 강력해진다. 링크의 상호 연결성은 다른 노드 간의 연결을 강화하는 역할을 한다. 여러 사람과의 관계가 긴밀한 사람을 마당발이라고 하는 것처럼 밀도는 네트워크 내에서 고르지 않다. 네트워크 내의 특정 영역은 네트워크의 다른 영역보다 밀도가 훨씬 높을 수 있다. 프로덕트를 구축할 때 네트워크 밀도를 높이기 위해 더 많은 노드가 연결되도록 해야 한다. 네트워크에서 가장 밀도가 높고 활동이 가장 많은 부분을 허브라고 한다. 허브를 찾고 다른 사용자가 허브와 연결된 그룹처럼 행동하도록 하는 것이 네트워크 프로덕트의 성장 방향이다. 활성화된 허브가 여러 개 생기게 되면 생각보다 훨씬 빠르게 네트워크는 확산된다.

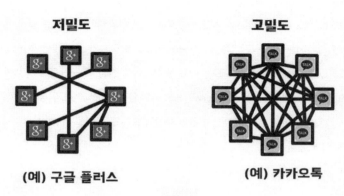

저밀도

고밀도

(예) 구글 플러스

(예) 카카오톡

| 네트워크 밀도 비교

· **링크의 방향성**

노드 간의 링크는 방향이 있을 수도 있고 방향이 없을 수도 있다. 그래프가 방향이 있는지 없는지 여부는 네트워크 노드 간의 연결 특성에 따라 달라진다. 연결 방향이 지정된 경우 이는 한 노드가 왕복하지 않는 방식으로 다른 노드로 향하는 것을 의미한다.

예를 들어, 트위터와 같은 개인 네트워크에서는 유명인이나 정치인과 같이 잘 알려진 사람들은 수많은 추종자를 갖고 있다. 정보의 흐름은 더 크고 중앙에 있는 노드에서 더 작고 주변에 있는 노드로 대부분 단방향이다. 반면 연결이 필연적으로 상호적인 카카오톡 메신저나 토스의 송금 서비스도 있다. 메신저에서 누군가와 대화를 나누거나 돈을 보내고 받고 할 경우 상호작용의 흐름은 양방향이 된다.

네트워크의 노드 간 링크 방향은 노드 간 상호작용이 어떤 방식으로 흐르는지에 따라 결정된다. 이러한 상호작용에는 돈, 정보, 통신 및 상호작용 할 때 노드 간에 전달될 수 있는 모든 것이 포함된다. 일방향과 쌍방향의 흐름은 많은 네트워크 프로덕트에서 혼합되어 있다. 트위터나 인스타그램이나 유튜브 같은 개인 네트워크에서는 팔로워가 많은 중앙 노드가 있고 팔로워가 많지 않은 주변 노드가 있다. 이 예시에서 주변 노드는 주로 팔로워이고 중앙 노드는 콘텐츠 생산자인 인플루언서에 해당된다. 네트워크 링크의 방향성을 이해하고 이를 시각적으로 구조화하면 프로덕트 디자인이 훨씬 향상되고 어떤 기능을 더 개발해야 할지 알 수 있게 된다.

| 링크의 2가지 방향성

4장

(참여: 머물게 하기)

사용자를 영원히 매혹시키는 비법

네트워크 프로덕트가 성장을 시작하면 여기에서 만족하고 멈추는 기업은 없다. 곧 새로운 일을 계획한다. 이 단계의 핵심은 네트워크를 유지하면서 네트워크를 강화하기 위한 참여, 바이럴, 수익화의 3가지를 동시에 작동시키는 것이다.

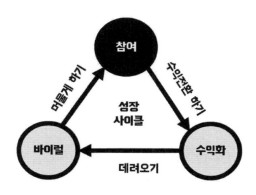

1. 사용자를 포용하는 리텐션 마술

"공급자 중심이 아니라 사용자 중심"
#토스_브랜드캐시백 #토스증권_지금이자받기

박수는 데이터 이전 시대에 대중들의 참여를 측정하는 방법이었다. 박수는 민심을 분석하는 수단이고, 대중과 친밀감을 표시하는 통로였다. 19세기에는 박수의 중요성 때문에 박수 치는 직업도 등장했다. 극장 운영자는 '박수 부대'에게 돈을 지불하고 공연 중간에 박수와 함께 환호를 지르는 일을 했다. 박수와 환호로 가득한 공연장을 떠난 관객은 돌아가서 주변에도 그 공연을 추천하며 바이럴을 만들기 때문이다. 박수 부대는 그 반응을 이용해 관객들이 같이 박수를 치게 만든다. 그리고 공연이 끝나고 나서는 훌륭한 공연이라고 느끼게 만드는 역할을 했다.

그렇다면 인공지능 시대에 대중들이 참여할수록 가치가 높아지는 프로덕트에 대한 대중들의 참여도를 어떻게 측정할 수 있을까? 극장 운영자가 박수를 지표로 삼았다면, 프로덕트 운영자는 '리텐션' 데이터를 측정하여 좋은 프로덕트인지를 확인한다. 리텐션은 고객이 우리 서비스에 시간이 지나도 계속 머무는 것이다. 몇 가지 측정하는 방식을 알아보자.

대표적인 측정 방법으로는 가입하고 하루 동안 얼마나 많은 사람이 활동하는지를 추적하는 것이다. 가입하고 하루 동안 얼마나 많은 사람들이 남아서 활동하는가? 가입한 지 7일이라면, 25일이라면, 30일이라면 어떻게 달라지는가? 이를 지표로 측정한다. 측정의 결과를 숫자로 표시한 리텐션율은 사용자의 참여와 관심, 충성도 수준을 나타낸다. 일반적으로 리텐션율이 높으면 사용자가 앱을 주기적으로 사용한다는 뜻이다. 앱을 삭제하거나 더 이상 이용하지 않는 사용자의 비율이 높으면 리텐션율이 낮다는 것을 의미한다.

리텐션은 프로덕트의 건전성을 이해하는 데 가장 결정적인 지표이다. 그러나 국내외를 막론하고 이 지표는 좋지 않다. 이를테면, 앱 설치 사용자의 70%는 활성화되지 않는다. 그리고 시간을 더 늘려 첫 3개월 동안 리텐션을 측정할 경우, 사용자의 96%는 더 이상 프로덕트에 방문하지 않는다. 다시 말해 대부분의 프로덕트는 실패한다고 할 수 있다. 따라서 사용자가 프로덕트에 머물게 만드는 기술은 기업의 핵심적인 경쟁력이다. 스타트업을 지원하는 전문기업 앤드리슨 호로위츠(Andreessen Horowitz)에서는 아래와 같은 기준을 가지고 지원 대상 기업을 선발한다고 밝힌 바 있다.

스타트업 선발기준

1 Day after 60% 남기

7 Day after 30% 남기

30 Day after 15% 남기

이런 평가기준을 통과할 수 있는 스타트업이 있을까? 대부분의 사람들은 이런 기준은 말이 되지 않는다고 생각할 수도 있다. 아마도 투자하는 입장에서도 같은 생각일 것이다. 이런 기준을 통과할 수 있는 것은 오직 네트워크 프로덕트들뿐이다. 네트워크 프로덕트는 시간이 흐름에 따라 네트워크에 머무는 시간이 더욱 길어진다는 점이 특징이다. 사용자들이 머무는 시간이 길어진다는 것은 향후 발전 가능성이 높다는 뜻이고 그렇기 때문에 투자자들은 이런 기준을 제시하는 것이다.

사용자를 머물게 만드는 기술을 가진 팀은 시간이 흐름에 따라 리텐션이 상승하는 프로덕트를 만든다. 네트워크 효과는 규모보다는 사용량에서 비롯된다. 그렇기 때문에 프로덕트의 리텐션율을 높이고 싶다면 네트워크 규모를 늘리는 것만으로는 충분하지 않다. 규모보다는 사용량을 늘리는 데 집중해야 한다.

리텐션을 높이기 위해 해야 할 일은 비즈니스 주제에 따라 각기 다를 것이다. 국내에서는 리텐션을 높이기 위해 토스가 펼치고 있는 방법이 가장 흥미롭다. 토스의 리텐션 높이는 방법을 살펴보자.

· 토스의 브랜드 캐시백

토스 앱에는 만보기, 행운퀴즈, 브랜드 페이지 방문하기 등 금융과 관련 없어 보이는 각종 메뉴들이 있다. 이 메뉴들을 통해서 토스 포인트를 모을 수 있는 혜택이 주어진다. 그중에 브랜드 캐시백을 살펴보자.

브랜드 캐시백은 사용자에게 매주 브랜드 선택지 10개를 제공한다. 사용자는 이 중 원하는 3곳을 선택하여 쇼핑하면 일정 금액을 돌려받을 수 있다. 예를 들어 브랜드 캐시백에서 '야놀자' 브랜드를 선택하고 야놀자 앱으로 이동해 주문을 완료하면 캐시백 조건이 충족된다. 이후 토스에서 캐시백을 받을 수 있다. 금액과 비율은 각기 다르지만 받는 금액이 쏠쏠하다. 토스에 가입하지 않아도 혜택을 받을 수 있다.

이런 캐시백 서비스는 토스의 리텐션을 높여주는 역할도 동시에 한다. 사용자는 브랜드를 선택하기 위해 한 번, 브랜드 3곳을 선택 후 포인트를 환급받기 위해 또 한 번 토스 앱에 접속한다. 또한 선택한 브랜드가 3곳이라면 한 주에 최소 4번을 토스 앱에 방문하게 되는 것이다. 이 과정에서 사용자는 자연스럽게 토스 앱을 사용하고 자주 방문하게 된다.

· 토스뱅크의 지금 이자 받기

토스뱅크는 2021년 10월 출범 후 하루 만에 120만 명이 신규 가입했다. 특히 사용자가 별도로 적금에 가입하지 않고 토스뱅크의 수시입출금 계좌에 돈을 예치만 해도 이자를 주는 파격적인 조건을 제시했다. 이후 사용자들이 몰려들었다. 원인으로 '지금 이자 받기'의 영향이 크다.

토스뱅크에 보관된 금액의 이자를 매일 지급받을 경우 복리 계산 방식이 적용된다. 사용자는 지속해서 이익을 얻는다. 토스뱅크는 이 기능을 사용자의 리텐션을 높이기 위해 어떻게 활용했을까? 방법은 바로 이자를 지급받기 위해서는 매일 자정 이후 토스뱅크에 접속해 직접 '지금 이자 받기' 버튼을 클릭하도록 한 것이다. 이자가 다른 은행보다 높지는 않지만 평생 1년 또는 2년간의 거치 후에 이자를 받는 사람들의 예금 경험을 토스는 다르게 했다. 예금에 대한 보상을 만기일에 받는 것이 아니라 하루에 한 번 즉각적으로 입금된다. 이때 사람들의 뇌는 즉각적인 보상에 대해서 강한 기억을 하게 된다. 다음 날 또다시 보상을 받으려는 행동으로 이어져 사용자는 이자를 받기 위해 매일 토스뱅크에 방문하게 된다.

토스의 리텐션 올리기 노력은 토스 메인 페이지의 만 보 걷기, 토스증권의 '랜덤 주식 지급 이벤트'에서도 연속적으로 큰 호응을 얻었다. 리텐션은 자발적으로 오르는 것이 가장 좋겠지만, 마치 19세기 극장에서의 박수 부대 같은 장치가 필요하다. 그래야 결국 다른 사용자들의 호응을 얻고 자발적인 행동으로 이어지게 된다. 여기서 눈여겨볼 것은 이런 리텐션 높이기 활동은 처음부터 공급자 중심이 아니라 사용자 중심이라는 것이다. 이렇게 적용된 프로덕트의 참여 장치는 리텐션을 높여줄 뿐만 아니라 다른 사용자를 데려오는 바이럴 활동으로까지 이어진다.

2. 사용자 분류와 맞춤형 행동 제안

#링크드인 #드롭박스 #토스

현재 사용자들의 활동은 성장 가속화의 힌트이다. 성장을 위해 현재 프로덕트를 사용하고 있는 방법에 또 다른 활용 방법을 추가하는 것이다. 프로덕트 운영팀이 주도적으로 새로운 사용 사례를 개발하고 장려하면 참여의 속도는 빨라진다.

이것이 가능하기 위해서는 사용자 분류가 필요하다. 사용자마다 다른 환경에 맞춰 다른 사용 방법을 제안해야 하기 때문이다. 친구가 2명 있는 사용자와, 친구가 200명 있는 사용자에게 같은 방법을 제안할 수는 없는 일이다. 따라서 네트워크 프로덕트에서는 가치가 높은 사용자와 낮은 사용자를 분류하는 법을 알아야 한다. 분류하는 기준은 구매액이나 구매 빈도와 같은 금전적인 기준보다는 사용 빈도, 사용 방법, 그 밖의 특징으로 구분한다.

링크드인의 경우 사용자를 사용 빈도에 따라 분류했다. 링크드인의
사용자 분류 기준은 다음과 같다.

> 최근 5일간 활성화된 상태
> 최근 7일간 활성화된 상태
> 최근 30일간 활성화된 상태

링크드인 운영자들은 위와 같은 분류를 바탕으로 각 집단별 욕구와
동기가 무엇인지, 무엇으로 그들의 참여도를 높일 수 있는지에 대해서
파고들며 연구하였다. 여기에서 각 고객 집단의 성향을 알아내기 위해
A/B 테스트[27]가 유용하다. 링크드인의 경우 연결이 많은 사용자가 더
높은 가치가 있다고 가정하고 더 많은 연결을 할 수 있도록 유도하고,
연결 기능을 알리는 배너를 홍보했다. 또한 사용자가 목표하는 행동을
하면 무료 구독권 같은 인센티브를 제공하여 반복적인 참여에 동참하
도록 하였다.

드롭박스는 사용자를 어떻게 분류하였을까? 그들은 파일 공유 시 여
러 디바이스를 사용하는 사용자와 한 가지 디바이스를 사용하는 사용
자로 나누었다. 드롭박스는 당연히 여러 디바이스를 사용하는 사용자
에게 더 많은 가치를 두었다. 드롭박스의 필요성과 활용도가 높기 때
문이었다. 하지만 그보다 더 높은 가치를 둔 사용자는 폴더를 공유하고
다른 사용자들과 협업하는 경우였다. 드롭박스를 사용하는 빈도수보다

---

27 AB 테스트는 'A/B 테스트'로도 알려진 실험적인 마케팅 및 웹 개발 기술 중 하나이다. 이
테스트는 2가지 이상의 버전을 비교하여 어떤 버전이 더 효과적인지 결정하는 데 사용된다.

는 사용하는 형태가 더 중요했다. 그렇기 때문에 드롭박스는 여러 디바이스에 설치하는 가장 빠른 방법을 알려주는 교육 콘텐츠를 보여주거나, 무료 저장 공간 등의 인센티브를 제시하여 사용자들이 설치, 여러 디바이스 등록, 폴더 공유를 하도록 참여를 유도했다.

토스의 초창기 시절에는 송금하는 사용자가 가치가 높았다. 송금하는 사용자가 많아지면 자연스럽게 송금을 받는 사용자가 생기기 마련이다. 그렇게 되면 송금을 받은 사용자가 다시 송금을 하게 되는 순환이 이루어진다. 즉 토스의 초창기에는 송금하는 사용자와 송금을 받는 사용자로 나눌 수 있다. 또한 송금하는 사용자도 일주일 안에 한 번 송금하는 사용자, 2주일 안에 2번 이상 송금하는 사용자로 세분화하여 참여를 유도할 수 있게 된다. 이렇게 분류를 마치면 사용자들에게 송금하기 이벤트, 세뱃돈 조르기 이벤트 등 활동을 제안하여 보상을 주는 방식으로 이벤트를 진행했다.

더 많은 참여를 유도하기 위해 성공한 스타트업은 사용자를 사용 형태에 따라 나누고, 각 분류에 맞는 새로운 사용 방법과 활동을 증가시키기 위한 행동을 제안한다. 제안 방법은 계속 변하므로 무작정 따라하기는 금물이다. 토스의 과거는 송금이었지만 최근에는 예금과 적금, 주식투자이다. 드롭박스는 파일을 공유하는 것이다. 링크드인의 경우 가입자 간의 친구 맺기로 시작했지만 지금은 구직과 헤드헌팅을 원하는 사용자에게 접근한다. 주제는 각각 다르지만 접근법은 동일하다. 사용자를 분류하고 새로운 활동을 제안하는 것이다.

3. 끊임없는 참여 사이클 만들기

"성공경험을 만들어 주다"

#소셜네트워크 #마켓 #협업툴 #메신저

프로덕트의 충성도는 사용자의 참여가 시작될 때 높아진다. 사용자가 처음에는 우연히 참여할 수 있겠지만 참여가 계속되도록 하는 것은 치밀한 계획과 실행이 필요하다. 따라서 '참여 사이클'이 필요하다. 여기서 참여 사이클이란 구경하는 것을 넘어서 콘텐츠를 생산하고 전송하며, 다른 사용자와 상호작용 하는 것이다.

소셜 네트워크나 메신저 상품의 경우, 참여 사이클은 콘텐츠를 올리거나 메시지를 보내는 사용자부터 시작하여 다른 사람이 좋아요 또는 댓글을 쓰는 행동으로 완성된다. 이를테면 다음과 같은 사이클이다.

> 콘텐츠 생산
>
> 콘텐츠 전송
>
> 좋아요/댓글

마켓플레이스에서도 비슷한 사이클을 가진다. 네트워크가 클수록 구경하는 사람이 많아지고 거래 가능성이 높아진다.

> 상품 전시
> 상품 구경
> 거래 발생

협업툴이나 클라우드 상품도 마찬가지이다. 1명이 프로젝트나 문서를 공유하면서 시작되고 다른 사용자는 이를 성공적으로 이용하는 것으로 참여 사이클이 만들어진다.

> 문서 작업
> 문서 공동작업
> 성공적 종료

여기에서 주목해야 할 것은 참여자는 네트워크의 밀도가 낮고, 사이클이 작동하지 않을 때 즉시 탈퇴하는 현상이다. 따라서 처음 초대받은 사용자를 위한 완전한 한 번의 사이클을 경험하도록 하는 것이 중요하다. 메시지를 보냈는데 답장이 없거나, 문서를 공유했는데 사용하지 않거나 하는 일이 발생하면 네트워크에 대한 신뢰가 없어지고 결국 탈퇴할 것이다.

반면 네트워크 프로덕트에서의 참여 성공경험은 네트워크를 확장하게 한다. 그러면 참여 사이클은 반복된다. 메시지를 보냈는데 답장이 오고, 문서를 공유했는데 코멘트가 달리는 것은 하나의 참여 사이클을 경험하는 것이다. 이렇게 되면 결과적으로 콘텐츠 창작자들은 더 많은 피드백을 받고 마켓플레이스 판매자는 더 많이 팔게 되며, 업무용 도구를 사용하는 사람들은 협업의 경험치가 올라갈 것이다.

이 방법은 프로덕트 충성도를 높이기 위한 방법이다. "어떻게 사용자가 더 높은 충성도를 갖도록 할 것인가?"라는 질문을 해보자. 질문을 하는 동안 잠재적인 실험의 대상을 만들 수 있게 된다. 한 번에 한 화면씩 참여 사이클을 만들고, 각 단계를 증가시키기 위한 방법을 찾는 것이다. 참여 사이클을 만들기 위해 필요한 질문은 다음과 같은 것들이다.

참여 사이클을 위한 질문들

어떻게 하면 목록을 더 쉽게 만들 수 있을까?

어떻게 하면 잠재적 구매자들이 목록을 클릭하게 할 것인가?

구매 과정을 원클릭으로 구현할 수 있을까?

무엇이 전환율을 높이고, 구매를 증가하게 만들까?

콘텐츠를 볼만한 적당한 사람이 있다는 것을 어떻게 확신할 수 있을까?

어떻게 하면 계속 참여하도록 쉽고, 긍정적인 피드백을 만들 수 있을까?

어떻게 하면 사용자들의 관계를 좋게 만들까?

그렇지 않다면 어떻게 밀도를 높이고 유지시킬 수 있을까?

참여 사이클의 완성과 이탈

제품종류	1.시작	2.진행	3.완성	참여 사이클
메신저/SNS	콘텐츠 생산	콘텐츠 전송	좋아요, 댓글	O
마켓 플레이스	상품 전시	상품 구경	거래 발행	O
협업툴/클라우드	문서 작업	문서 공동 작업	성공적 종료	O
메신저/SNS	콘텐츠 생산	콘텐츠 전송	반응없음	X
마켓 플레이스	상품 전시	상품 구경	이탈	X
협업툴/클라우드	문서 작업	문서 공동 작업	공동작업 실패	X

완성

이탈

| 참여 사이클 완성 여부에 따른 결과

4. 10만 명의 협력자 만드는 법

"사용자 참여를 통해 완성하다"
#샤오미_미유아이 #위키피디아

> "우리는 사용자들을 프로덕트의 개발과정에 깊이 참여시키기 위해 '오렌지
> 프라이데이'라는 인터넷 개발 모델을 디자인했다. 핵심은 개발팀이 게시판에
> 서 사용자들과 상호작용 하면서 운영체제를 매주 업데이트하는 것이었다"

이 이야기는 샤오미의 프로덕트 책임자 레이쥔이 사용자를 참여시킨
이유를 설명하는 말이다. 미유아이는 샤오미 스마트폰 및 기타 디바이
스에서 사용되는 사용자 인터페이스와 운영체제이다. 미유아이는 안드
로이드 운영체제를 기반으로 작동하며, 샤오미 디바이스에서 많이 볼
수 있다.

그들은 매주 화요일 사용자들이 올려주는 체험후기를 받는다. 매주의
체험후기를 통해 사용자들이 한 주 동안 프로덕트를 사용해 본 결과 어
떤 기능이 가장 좋았는지, 무엇이 불편했는지, 어떤 기능이 가장 기대

되는지 등을 확인한다. 그들은 사용자들과 '거리 제로' 상태로 접촉과 소통을 한다. 좋은 기능에 대해서 칭찬받으면 팀 전체가 기뻐하고, 특정 기능에 대한 비판이 접수되면 문제 개선을 위해 매달리는 방식으로 이어진다. 샤오미는 사용자 참여를 프로덕트의 기본 프로세스에 놓고 사용자들 간의 커뮤니티와 함께 프로덕트를 개발한다.

이렇게 하면서 샤오미는 게시판에서 활동하는 10만여 명의 사용자들과 개발팀을 꾸린 것이다. 이 팀의 핵심 멤버는 엔지니어 100여 명이지만, 그 바깥에는 샤오미 게시판에서 심사를 거쳐 선발된 전문가 수준의 명예 개발자 100명이 있다, 또 그 바깥에는 프로덕트의 기능과 개발에 열정적으로 의견을 개신하는 10만여 명의 사용자들이 있다. 그 바깥에는 다시 업데이트된 미아이유의 사용을 기다리는 6,000만 명의 사용자들이 둘러싸고 있다.

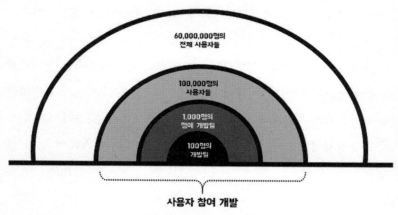

| 샤오미의 10만 명의 프로덕트 개발팀 구조

미아이유의 기능 설계는 주로 샤오미 전자게시판에서의 사용자 토론과 투표로 결정된다. 샤오미는 사용자 참여를 위해 구조를 개방, 상호작용, 바이럴의 3단계로 설계했다. 첫째, 참여의 마디를 개방한다. 코드작성을 제외한 나머지 모든 부분, 즉 프로덕트 수요, 테스트, 발표에 이르는 모든 과정을 사용자들이 참여할 수 있도록 개방한다. 둘째, 게시판을 통해 상호작용을 디자인한다. 게시판에 제기된 사용자들의 수요는 매주 업데이트되고 이를 프로덕트팀이 리뷰하고 프로덕트에 반영한다. 셋째, 바이럴로 확산시킨다. 프로덕트 내부에 사용자들의 SNS에 공유를 유도하는 기능을 만들어 놓기도 하고 이슈가 될만한 콘텐츠를 직접 생산한다. 그 예로 '꿈의 후원자들 100인'은 창업 초기에 프로덕트 테스트에 참여한 100여 명의 사용자들을 주인공으로 만든 영상 콘텐츠이다. 이 영상은 참여의 증폭제가 되었다.

여기서 관심 있게 보아야 할 것은 프로덕트의 거의 모든 과정을 개방함으로써 사용자들이 프로덕트에 대해서 주인의식을 갖게 된다는 것이다. 또한 참여가 만들어지면 자연스럽게 바이럴로 연결되는 것을 알 수 있다. 위키피디아도 이와 동일한 사용자 모델의 결과이다. 위키피디아의 창작자들은 특별히 선정된 전문가가 아니라 다양한 분야의 애호가, 열혈팬, 구경꾼들로 이루어져 있다. 그런 다수가 모여 콘텐츠가 생산된다. 이런 사용자 참여 모델은 사용자들이 프로덕트를 사용만 하는 것이 아니라 소유하고자 한다. 이런 이유로 사용자들은 프로덕트의 문제를 발견하더라도 비판으로 끝나지 않고 개선 과정까지 참여하고 싶어 한다. 사용자 한 사람 한 사람이 프로덕트의 오너가 되는 것이다.

사용자가 참여하는 프로덕트는 완벽함을 목적으로 하지 않는다. 프로덕트는 사용자들의 참여를 통해 완성된다. 크리스 앤더슨(Chris Anderson)은 책《롱테일 법칙》에서 과거에는 프로와 아마추어가 영원히 평행선 관계에 있었지만, 미래에는 이 둘을 구분하기가 어려워질 것이라고 말했다. 그의 예측처럼 지금은 사용자들은 아마추어 소비자가 아니라 소비자이면서 또한 프로덕트 생산자인 프로이다. 사용자 참여를 통해 만들어진 프로덕트가 수천 명의 엔지니어가 만든 완벽한 프로덕트보다 뛰어난 이유이다.

5. 커뮤니티를 통해 머물게 하기

"파티를 즐기고 친구가 되라"
#샤오미_미팝 #무신사_패션톡 #오늘의집_커뮤니티

샤오미는 별도의 광고 예산도 없고, 광고를 담당하는 조직도 없다. 마케팅 조직은 커뮤니티 관리를 우선적으로 하며 이를 어떻게 운영하고 발생하는 데이터를 활용할지 고민한다. 커뮤니티에서는 자체적인 고객센터 역할까지 하면서 사용자들의 토론을 통해 문제가 해결되기도 한다. 이렇게 되는 이유는 샤오미의 팬덤 커뮤니티인 미펀(Mi Fans)이 있기 때문이다.

팬덤은 특정한 프로덕트나 브랜드에 대한 열정과 애착을 갖고 있는 일정 수의 사용자들로 구성된 커뮤니티이다. 팬덤의 특징은 열정과 애착, 지식과 정보의 공유, 상호작용과 소통, 공동체 의식과 정체성, 영향력을 가진다. 샤오미의 미펀은 커뮤니티를 활용해 참여를 극대화한다. 한마디로 샤오미는 커뮤니티로 모든 마케팅을 끝낸다. 외부 광고나 브랜드 홍보는 할 필요가 없을 정도이다. 아마도 이런 모습은 모든 기업이 갖고 싶어 하는 프로덕트 커뮤니티의 모습일 것이다. 그렇다면 팬덤을 어떻게 네트워크 프로덕트에 접목하여 팬들의 참여를 만들 수 있을까?

| 샤오미의 팬들이 열광하고 있다.
출처: 샤오미 창업자 레이쥔 SNS

· 팬덤 커뮤니티 디자인을 위한 4가지

먼저 첫 번째로 이야기할 것은 팬덤 효과는 미리 디자인할 수 없다는 것이다. 팬덤을 연구하는 케빈 켈리(Kevin Kelly)에 의하면 팬덤은 "통제할 수 없는 현상" 가운데 하나라고 설명한다. 팬덤은 사용자들이 집단적인 무의식 속에서 자신들에게 가장 적합한 행동방식을 선택하며 결국 그것이 가장 우수한 팬덤 효과를 만들어 낸다. 팬덤의 경제적 가치가 커지면서 그 가치에 기업들도 자연스럽게 주목하게 되었다. 그러나 사용자들과 교류하기 전부터 이름을 지으려고 하거나 강하게 통제를 하면 실패한다. 사전에 모든 것을 계획하려고 하면 사용자들은 참여 동기가 사라져서 결국 껍데기만 남게 된다.

둘째, 그럼에도 불구하고 팬덤 효과는 아주 작은 집단에서부터 시작된다는 것에서 힌트를 얻을 수 있다. 그들은 어느 한 가지 공통된 관심사 때문에 모여 있는 것이 아니다. 인터넷의 특성상, 이 집단은 다양한 취미 집단으로 분화된다. 따라서 프로덕트의 특성이나 참여 방식이 다양하고 재미있을수록 팬덤이 시작되기 좋다. 작고 단순한 게시판에서 시작된 커뮤니티가 수백 명에서 수백만 명으로 확장되기도 한다.

셋째, 팬들에게 더 많은 참여와 상호교류의 기회를 제공함으로써 프로덕트에 유리한 방향으로 이끌어 갈 수 있다. 대표적인 예는 팬들이 참여하는 오프라인 행사이다. 샤오미의 오프라인 행사인 '미팝'은 사용자들과의 만남의 장이다. 기업이 주관하는 10여 개의 만남의 장과 사용자들이 자발적으로 조직하는 500개 이상의 지역모임, 매년 연말 열리는 '미팝 연례 시상식' 등으로 다양하다. 모두 기업 홍보의 기회가 아니라 사용자들이 즐길 수 있는 콘셉트로 기획된다. 샤오미 첫 미팝 행사는 200명이 목표였다. 샤오미 스마트폰을 구매한 이들은 대체로 주변 지인들의 입소문 추천으로 최종 구매를 결정하기 때문에 주변의 친구, 가족들이 모두 샤오미 스마트폰을 쓰는 경우가 많다. 따라서 이들이 한자리에 모여서 노는 것은 사용자들에게 즐거운 경험이다. 미팝 행사에서의 중요한 원칙은 프로덕트 사용 체험이나 광고를 하지 않는다는 것이다. 국내 대기업에서 오프라인 행사를 할 경우 각종 광고와 샘플 증정, 홍보 영상으로 둘러싸인 행사장을 연상하게 되는 것과는 다른 모습이다. 일방적으로 프로덕트를 홍보하는 것이 아니라 사용자들과 함께 노는 것이 '미팝'의 특징이다. 그럼에도 불구하고 행사 후 미펀들은 샤오미라는 프로덕트를 다른 사람에게 전파하는 미디어가 된다.

넷째, 샤오미는 팬덤 커뮤니티를 디자인하기 위해 마치 게임처럼 커뮤니티 안에서 등급별로 계급을 만들어 참여를 유도한다. 커뮤니티에서 답변을 달고 오랜 활동한 팬일수록 포인트가 쌓여 등급이 올라간다. 또한 이 등급은 오프라인 프로덕트의 구매 횟수와 연동이 되고 오프라인 행사의 참여도에 따라서도 포인트가 지급된다. 즉 샤오미 프로덕트에 대한 기여도를 측정한 이후에 등급, 배지 등을 부여해서 높은 활동성이 있는 사용자에게 커뮤니티 내에서의 존재감을 부각시켜 주는 것이다. 네이버 카페나 지식인에서 활동량에 따라 등급을 부여하는 것과 비슷한 형태라고 볼 수 있다.

최근 오늘의집, 무신사, 마켓컬리는 주력 서비스 바탕으로 커뮤니티를 강화하고 있다.[28] 오늘의집은 홈 카테고리에서 선호하는 라이프스타일 콘텐츠를 토대로 커뮤니티를 발전시켰다. 인테리어 사진을 공유하는 초창기 정체성을 지키면서 라이프스타일로 범위를 확장해 일상을 공유하는 공간으로 커뮤니티를 구성했다. 일종의 소규모 커뮤니티이다. 무신사는 2023년 초 '패션톡'을 인앱 서비스로 내놨다. 패션톡은 패션에 대한 모든 이야기를 나눌 수 있는 커뮤니티다.

---

28 〈"공통 관심사로 대동단결"...커뮤니티 힘 주는 스타트업〉, 지디넷코리아, 2023. 10. 18., https://zdnet.co.kr/view/?no=20231018145504

이들은 모두 커뮤니티의 성공 사례가 되기를 기대한다. 프로덕트가 팬덤 효과를 만들 수 있다면 빠르게 폭발 성장으로 인도해 주기 때문이다. 프로덕트를 좋아하는 사용자들이 늘어나면 기업에는 더할 나위 없는 지원군이다. 하지만 결과는 어떻게 될지 지켜보아야 한다. 팬덤 커뮤니티의 진짜 성공은 사용자와 친구가 되면서 관계를 맺는 것이기 때문이다. 따라서 성공적인 커뮤니티 사례를 만들고 싶다면 사용자들과의 친밀한 관계를 어떻게 형성하고 사심 없이 노는 것에 대해 관심을 가져야 할 것이다.

6. 탈퇴한 사용자를 데려오는 초능력

"동료나 친구가 있기만 하면!"
#구글드라이브 #인스타그램

203년 한 해만 500만 개 이상의 앱이 구글 플레이와 애플 앱스토어에 등록되었다. 또한 데이터 플랫폼 앱스플라이어에 따르면 사용자의 약 50%가 30일 이내에 설치한 앱을 삭제[29]한다. 또한 첫날 삭제하는 비율이 48.4%이다. 네트워크 프로덕트는 이 비율을 억제할 뿐 아니라 탈퇴한 사용자를 데려올 수 있는 초능력도 있다. 연결된 사용자가 이탈 방지 역할을 하기 때문이다. 이것은 네트워크 프로덕트를 만드는 사람들에게 기쁜 소식이다.

초기 성장을 넘은 프로덕트는 이탈한 사용자를 데려오기 위해 다양한 노력을 한다. 메일, 문자 메시지, 모바일 푸시알림을 이용하여 사용

---

29 앱스플라이어 앱 제거 보고서 – 2024년 버전 (https://www.appsflyer.com/resources/reports/app-uninstall-benchmarks)

자가 돌아오도록 유혹한다. 그러나 안타깝게도 이런 유혹의 활동은 효과가 없다. 반면에 네트워크 프로덕트는 다른 형태로 접근한다. 활성 사용자에게 이탈한 사용자를 데려와 달라고 요청하는 방법을 사용한다. 일반 프로덕트보다 큰 효과를 발휘하는 이유이다.

메일이 도착했다고 상상해 보자. 메일 내용은 방금 전에 동료가 폴더를 공유했다는 내용이고 그 메일은 궁금증을 자극한다. 문서 공유 앱 드롭박스, 구글 드라이브는 이런 방법을 사용한다. 친구가 내가 한 달 전 가입하려고 했던 앱에 가입했다는 소식을 받는다면 어떨까? 공지사항이나 할인 메시지보다 흥미롭다. 탈퇴한 사용자의 주변 네트워크 밀도가 높을수록 이러한 일이 발생할 가능성이 높다. 관련 있는 동료나 친구가 주변에 있기만 하면, 탈퇴 후 몇 달이 지났다고 하더라도 활성 사용자로 전환되는 경우가 많다. 이처럼 네트워크 중심에서 상호작용이 일어나면 시간이 흐르면서 탈퇴한 사용자를 다시 활성 사용자가 되도록 할 수 있다.

인스타그램은 탈퇴한 사용자를 다시 끌어오는 데 친구를 통한 전략을 사용했다. 이들이 사용한 방법은 활성 사용자들이 게시물을 공유하거나 태그할 때 이를 이탈한 사용자에게 알림으로 보내는 방식이다. 이 방법은 탈퇴한 사용자들에게 그들의 친구들이 여전히 해당 프로덕트를 사용하고 있다는 사실을 알려주며, 다시 앱을 사용하도록 유도했다. 이 같은 사용자를 통한 설득 방법은 탈퇴한 사용자들에게 프로덕트에 다시 관심을 갖도록 하는 데 효과적이다.

· 2가지 질문

탈퇴한 사용자가 돌아오도록 하기 위해서는 우선 2가지 질문을 해 보면 도움이 된다. 첫 번째 질문은 "탈퇴한 사용자는 어떤 경험을 했을 까"이다. 탈퇴한 사용자가 받게 되는 서비스 경험을 상상하는 것이다. 즉 다음과 같은 질문이 될 수 있다.

> 비활성화된 사용자는 다른 사용자에게 어떤 알람을 받게 될까?
> 그 알림은 사용자를 다시 돌아오게 할 만큼 설득력이 있을까?

탈퇴한 사용자를 데려오기 위해 사용자의 네트워크에 있었던 활동을 짧게 요약해서 주간 단위로 보내주거나, "친구가 방금 가입했습니다" 라는 알림만 보내주어도 성공률은 높아진다.

두 번째 질문은 "탈퇴한 사용자가 다시 돌아오는 과정을 얼마나 쉽게 할 수 있는가"이다. 회원 비밀번호를 찾는 실패 횟수를 줄이는 것은 간 편 회원가입을 위한 노력과 함께 동일하게 중요하다. 앱을 삭제한 사용 자에게 모바일웹을 안내하는 것이나, 새로운 설치를 안내하는 화면은 돌아오게 되는 결정적인 원인 또는 걸림돌이 될 것이다.

탈퇴한 사용자들을 다시 끌어들이는 전략은 프로덕트 초기에는 우 선순위가 아닐 수 있다. 그러나 프로덕트가 성숙기에 접어들면서 그 가치는 점점 더 중요해진다. 탈퇴한 사용자를 다시 유입시키는 과정 은, 신규사용자를 유치하는 것만큼이나 중대한 성장 동력이다. 이는 단순히 숫자를 늘리는 것을 넘어, 프로덕트에 대한 신뢰와 충성도를 회복하는 중요한 기회로 작용할 수 있다.

7. 행동하게 만드는 비밀

"인간의 행동을 연구하다"
#스탠퍼드대학교_포그박사 #트위터 #운동앱

사용자가 네트워크 프로덕트에 참여하도록 만드는 공식이 있을까? 다행스럽게도 그런 반가운 공식은 존재한다. 사용자가 네트워크 프로덕트에 참여하도록 하는 일은 중요하지만 그만큼 어려운 일이다. 실제로 검색엔진 최적화(SEO), SNS 광고, 친구의 추천을 통해 유입된 사용자들이 참여로 이어지는 비율보다 이탈하는 비율이 더 많다. 우연히 프로덕트로 찾아왔다고 하더라도 가입, 좋아요, 댓글달기 같은 참여를 하는 것은 별개의 문제이다.

이 공식은 디지털 영역이 아니라 인간의 행동을 연구하는 오프라인에서 찾을 수 있다. 인간의 행동을 유발하는 본능적인 요인을 관찰하여 그것을 네트워크 프로덕트에 적용하는 것이다. 그런 여러 연구 중에서 가장 신뢰성이 높은 포그 모델을 소개하겠다. 포그는 스탠퍼드대학교 설득기술연구소의 소장으로 인간의 행동을 유발하는 단순한 이론을 제시했고 이 이론은 여러 네트워크 프로덕트의 행동하게 만들기를 성공시켰다. 이것이 그 유명한 포그의 행동 모델이다.

· 포그의 행동 모델 공식

포그 박사는 인간의 행동이 일어나기 위해서는 3가지 요소가 전제되어야 한다고 주장했다. 첫째, 사용자에게 충분한 동기가 있어야 한다. 둘째, 의도된 행동을 완수할 만한 능력이 있어야 한다. 셋째, 행동이 일어날 트리거가 있어야 한다. 포그 박사의 행동 모델은 다음과 같은 공식으로 표현할 수 있다.

B = MAT

B = 행동(Behavior)

M = 동기(Motivation)

A = 능력(Ability)

T = 트리거(Trigger)

이것은 동기, 능력, 트리거가 모두 충분해야 특정한 행동이 일어난다는 것을 뜻한다. 이 공식의 구성요소 중 하나라도 빠지거나 불충분할 경우, 사용자는 행동선을 넘지 못하고 행동은 일어나지 않는 것이다. 참여를 위해서는 친구나 추천 등 트리거가 전제되어야 하지만, 이번 장에서는 참여에 대해서 이야기를 하고 있으므로 행동 모델의 트리거보다는 동기와 능력에 대해서 살펴보도록 하자.

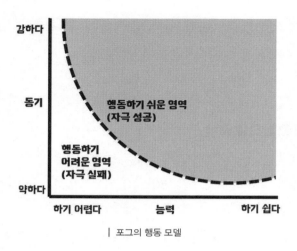

| 포그의 행동 모델

포그 행동 모델을 도식화하면 X축은 능력, Y축은 동기가 된다. 그리고 색깔 있는 영역이 행동 가능한 영역이다. 즉, 행동하기 위해서는 능력은 쉬울수록, 동기는 강할수록 행동으로 옮기가 쉽다는 의미이다.

포그 박사는 Y축인 동기 유발 요인을 3가지로 분류하고 열망을 행동으로 이끈다고 주장했다. 그는 즐거움 추구와 고통 회피, 희망 추구와 두려움 회피, 사회적 수용 추구와 사회적 거부 회피라는 동기가 내재되어 있다고 주장한다.[30] 이 동기 유발 요인의 각 수위를 높이거나 낮춤으로 특정 행동을 가능하게 하거나 불가능하게 한다는 것이다.

---

30 이와 비슷하게 러셀 브런슨은 그의 책《브랜드 설계자》에서 인간의 3가지 핵심 욕구를 건강, 부 그리고 관계라고 소개했다. 그리고 지구에 존재하는 인간은 모두, 고통에서 멀어지거나 쾌락을 향해 가는 2가지 방향 중 한쪽으로 움직인다고 가정하고 브랜드 메시지에 적용했다.

X축의 능력은 특정 행동을 수행할 수 있는 난이도를 의미한다. 난이도가 높을수록 능력이 떨어지고, 난이도를 낮춤에 따라 할 수 있는 능력은 올라가는 것이다. 결국 사용자 참여를 원하는 프로덕트 담당자들은 사용자를 가로막는 장애물을 찾고, 쉽게 만들어 난이도를 낮추면 된다.

· 동기와 능력 중 어느 것이 중요한가?

2가지 모두 가능하다면 제일 좋겠지만 여러 가지 이유로 우선순위를 정해야 한다면 동기와 능력 중에서 어디에 집중해야 할까? 정답은 능력에 우선순위를 두는 것이다. 분명 B = MAT 공식에서는 3가지 구성요소가 작동해야 행동이 일어나는 것이 사실이다. 트리거와 충분한 동기가 없다면 행동은 일어나지 않는다. 그러나 디지털 프로덕트를 만드는 스타트업은 프로덕트의 사용을 쉽게 만드는 것이 3가지 중 가장 쉬울 것이다. 사용자의 동기를 끌어올리는 것은 엄청난 노력이 필요하기 때문이다.

트위터를 살펴보자. 프로덕트가 성장하는 동안 첫 페이지는 놀랍도록 단순해졌다. 소개글도 글쓰기에 부담 없게 140자로 축소하고, "지금 무슨 생각을 하시나요?"라는 문구를 제시하여 글 쓰는 주제를 추천하였다. 그리고 로그인 버튼과 회원가입 버튼 2가지를 가장 잘 보이도록 하여 로그인을 유도했다. 사용자가 트위터 첫 화면에 방문했을 때 로그인을 하거나 회원가입을 하라는 메시지를 명확하게 전달한다. 트위터는 자신들이 원하는 사용자의 참여를 소리 없이 이끌었던 것이다.

만일 프로덕트의 주제가 운동이라면, 동기에 관해서는 이미 충분히 설득이 되었을 것이다. 운동을 해야겠다라는 사용자의 동기가 없다면 처음부터 프로덕트로 접근하지 않았을 것이기 때문이다. 따라서 이런 종류의 프로덕트에서는 참여를 이끌기 위해서 최대한 쉽게 사용자의 행동을 유도하는 것이 필요하다. 예를 들어 하루에 60분으로 운동 시간을 제시하는 대신 하루에 3분만 하도록 난이도를 낮추는 것이다. 처음부터 어렵게 하루 60분간의 운동을 제시하면 동기는 높으나 이를 실행할 능력의 부족으로 대부분의 사용자들이 포기한다. 60분의 운동이 필요할 경우에는 3분부터 시작하여 점차 시간을 늘리는 방법으로 사용자의 능력을 키워주는 방식으로 행동하게 만드는 것이다. 운동을 해야 하는 동기를 만드는 일과 운동을 위해 앱을 설치한 사용자에게 3분 동안만 따라 하라고 안내하는 것 중에서 어떤 것이 쉽겠는가? 당연히 후자이다.

사용자를 네트워크 프로덕트에 참여하도록 이끄는 것은 어려운 도전이지만, 성공할 경우 높은 효과를 얻을 수 있다. 이를 위해 포그 박사의 행동 모델은 유용한 도구로 사용할 수 있다. 만일 많은 일들 때문에 행동 모델 중 동기와 능력의 우선순위를 정해야 한다면 앞서 강조했듯이 '능력'을 우선순위에 두어야 할 것이다. 쉽게 만들어서 사용자의 참여 능력을 높이는 것이다.

8. 머물게 하는 보상의 기술

"포기하지 않고 도전하게 하다"
#캡컷 #핏빗 #챌린저스

사람들은 보상을 받는 것을 좋아한다. 보상은 우리를 끌어들이고, 더 나은 결과를 얻게 만들며, 무엇보다도 행동을 조절한다. 보상의 힘을 제대로 이해하면, 그것을 활용하여 프로덕트로 참여하게 할 수 있다.

'보상'은 프로덕트에서 사용자 활동을 높이는 오래된 전략이다. 보상과 관련된 6가지 전략에 대해서 살펴보도록 하자.

> **보상의 6가지 전략**
>
> 1) 친구 초대
>
> 2) 네트워크 확장
>
> 3) 계층별 보상

4) 콘텐츠 생성 및 공유

5) 추천

6) 경쟁 및 챌린지

· 친구 초대

이 전략은 사용자가 새로운 사용자를 프로덕트로 초대하고, 이 과정에서 보상을 제공하는 방식이다. 새로운 사용자가 프로덕트를 사용하거나 특정 활동을 수행하면, 초대한 사용자와 초대한 사용자를 보낸 사용자 양쪽에게 혜택을 제공한다.

2019년 출시된 동영상 편집툴 캡컷(CapCut)은 보상을 신규 회원 확보를 위해 사용한다. 무료 공간을 받을 수 있는 '미션 센터'에서는 첫 번째 신규사용자를 초대하면 본인은 2GB 저장 공간을 받고 신규사용자는 500M를 받는다. 2명을 초대할 경우 6개월 동안 무료 스토리지를 5G로 업그레이드해 준다.

드롭박스(Dropbox)는 친구 초대 및 인센티브 전략을 성공적으로 활용한 대표적인 사례 중 하나이다. 드롭박스는 클라우드 저장 공간을 제공하는 서비스로, 사용자들에게 무료 저장 공간을 제공하면서 친구를 서비스에 초대하도록 동기를 부여했다. 드롭박스 사용자가 다른 사람을 드롭박스에 초대하면, 초대받은 사용자와 초대한 사용자 모두에게 추가 저장 공간을 제공했다. 이렇게 함으로써, 초대한 사용자는 보다 많은 파일을 저장할 수 있게 되었고, 초대받은 사용자는 무료로 드롭박스를 사용할 수 있는 혜택을 얻게 되었다.

초대를 통한 보상은 드롭박스 이후에도 캡컷 등 여러 프로덕트의 성장을 가속화시키는 역할을 했다. 보상 때문에 사용자들은 더 많은 사람을 서비스로 초대한다. 이 전략을 활용하면 기존 사용자는 새로운 사용자를 데려온다. 그리고 새로운 사용자는 프로덕트에 참여하는 동기를 얻게 된다.

· 네트워크 확장

'네트워크 확장 혜택'은 사용자가 더 많은 연결을 하거나 더 많은 활동 시에 추가 혜택을 제공하는 전략이다. 이 전략은 사용자가 프로덕트를 더 활발하게 이용하면 더 많은 혜택을 받을 수 있게 한다. 이로써 사용자들은 더 많은 활동을 하고 싶은 동기를 얻게 된다.

숙박 앱 에어비앤비(Airbnb)는 전 세계 숙박 시설을 제공하는 플랫폼이다. 여행객은 예약한 숙박 시설을 통해 호스트에 대한 리뷰를 작성하고, 숙박이 끝난 후에 호스트 역시 여행객에게 리뷰를 작성할 수 있다. 이러한 리뷰 시스템을 통해 2가지 중요한 혜택이 주어진다. 첫째, 리뷰는 다른 사용자에게 호스트와 여행객의 신뢰성을 나타내는 중요한 지표가 된다. 둘째, 사용자가 더 많은 리뷰를 작성하면 호스트와 여행객 양쪽 모두에게 추가 혜택을 제공한다. 이로써 사용자들은 숙박 시설 예약 및 숙박 시 후속 작업에 열정적으로 참여하게 되었다. 또한 숙박 시설의 품질과 안전성에 대한 신뢰가 높아졌다.

· 계층별 보상

사용자의 활동 수준에 따라 다른 계층별 보상을 제공하는 전략이다. 사용자가 더 많은 활동을 수행하거나 특정 레벨을 달성할 때, 더 큰 혜택을 받을 수 있도록 하는 것이다. 사용자는 높은 활동 수준을 유지하거나 계층을 올리는 데 동기부여를 받게 된다.

스타벅스의 리워드 프로그램은 '계층별 보상' 전략의 좋은 사례이다. 스타벅스 리워드 회원은 커피를 구매할 때 스타벅스 앱을 통해 스타(Star)를 모은다. 이 스타는 사용자의 계층을 나타내는 중요한 지표이며, 사용자가 계층을 올릴수록 보다 큰 혜택을 받을 수 있도록 설계되어 있다. 예를 들어, 브론즈 계층은 무료 커피 리필을 받을 수 있지만, 골드 계층은 무료 음료와 음식을 포함한 더 많은 혜택을 받을 수 있다. 이로써 스타벅스는 고객 충성도를 높이고, 판매를 증가시키는 데 성공했다.

· 콘텐츠 생성 및 공유 보상

사용자들이 콘텐츠를 생성하고 다른 사용자와 공유하도록 유도하여 프로덕트의 가치를 높이는 방법이다. 이 방법은 사용자들이 자체 콘텐츠를 만들고 이를 다른 사용자와 공유함으로써 프로덕트의 가치를 향상시키는 데 중점을 둔다.

인스타그램(Instagram)은 사용자들에게 자신의 일상을 시각적으로 공유하고 다른 사용자와 상호작용 하는 동기를 부여한다. 사용자들은 자신의 사진과 비디오를 업로드하고, 다른 사용자의 콘텐츠를 탐색하며, 좋아요와 댓글을 남기는 등의 활동을 통해 콘텐츠를 생성하고 공유한다. 이렇게 생성된 콘텐츠는 다른 사용자를 통해 좋아요, 댓글의 반응을 얻어내며 반응의 숫자가 커질수록 개인의 명성이 높아지게 되는 사회적 인정이라는 보상을 받게 된다.

· 추천 보상

사용자가 다른 사용자를 프로덕트에 추천할 때, 추천자와 추천받은 사용자 모두에게 혜택을 제공하는 전략이다. 이 방법은 친구 초대 방법과 비슷하지만 사용자 가입보다는 추천에 중점을 두는 방법이다. 사용자들이 주변 사람들에게 프로덕트를 홍보하고 추천할 동기를 부여한다. 결과적으로 프로덕트의 확산과 회원가입이 활성화된다.

· 경쟁 및 챌린지

사용자 간의 경쟁적 요소나 특정 도전과제를 도입하여 사용자들의 활동을 높이는 전략이다. 이 전략은 사용자들이 서로 경쟁하거나 과제를 완료함으로써 혜택을 얻는 동기를 부여하며, 이를 통해 프로덕트의 활발한 사용을 유도한다.

대표적인 사례로는 챌린저스 앱이다. 앱 내의 챌린지 메뉴를 통해 아침에 일찍 일어나기, 헬스장 가기, 스마트폰 사용 줄이기 등 나에게 필요한 미션에 돈을 걸고 도전한다. 동기부여를 높이기 위해 참가비를 걸고 평균 2주 정도 되는 짧은 기간 동안 챌린지를 진행하게 된다. 매일 도전에 성공했다면 인증샷을 찍어 업로드하는 방식이다. 85% 이상 성공했다면 참가비 전액이 환급되고, 85% 미만부터는 달성률에 따라 차감되어 환급된다. 내가 실천한 만큼 돌려받기 때문에 참가자들은 끝까지 포기하지 않고 도전하게 된다. 챌린지에 참가하면서 어느새 '좋은 습관'을 만들어 주는 것을 목표로 한다.

핏빗(Fitbit)은 시계를 착용하면 혈중 산소 등 건강 상태를 앱으로 모니터링할 수 있는 프로덕트이다. 사용자들의 건강과 피트니스 활동을 추적하고 기록한다. 핏빗 사용자들은 자신의 활동 수준을 추적하며, 다른 사용자들과 걸음 수 경쟁에 참여할 수 있다. 이 경쟁은 사용자들이 계속해서 더 많이 걷도록 동기를 부여한다. 그리고 일정 목표를 달성하는 사용자들에게 상금과 혜택을 제공한다.

보상을 통해 사용자들을 더 많이 연결하고, 더 많이 활동하며, 더 많은 혜택을 얻도록 한다. 보상을 통한 유도법은 과거나 지금이나 변함없이 효과적인 방법이다.

네트워크 효과 에센셜 4.

네트워크 속성

#불규칙성 #익명과실명 #동질성과 이질성

· 불규칙성

네트워크는 실제 균일하게 발생하지 않는다. 네트워크는 밀도가 높은 클러스터, 중심이 되는 핫스팟, 연결이 작거나 없는 데드스팟이 있다. 온라인이나 오프라인이나 모두 네트워크의 불규칙성이 나타난다. 예를 들면 지역, 실제 관계에서의 위치, 규모 등이 있을 것이다. 네트워크는 불규칙성을 인식하여 더 큰 네트워크가 되기 위해서 불규칙 속에서 '핫스팟'을 찾는다. 또한 핫스팟은 '데드스팟'을 어떻게 연결하여 확장할 것인지가 중요하다.

· 실명 VS 익명

네트워크의 노드는 실제 ID를 가지고 있는 실명과 가상의 사용자인 익명으로 구분한다. 각각의 적용 사례는 다양하지만, 전 세계 시장에서 더 가치 있고 오래 지속되는 네트워크는 실제 ID를 가지고 있는 네트워크이다. 창업자는 이 선택을 해야 한다. 그리고 매우 큰 선택이라는 것을 알고 있어야 한다.

네트워크 프로덕트에서는 대체로 사용자가 네트워크 내에서 프로필을 생성하도록 요구한다.

개인이나 회사의 실명 프로필이 있는 네트워크는 일반적으로 가명 프로필이 있는 네트워크보다 더 효과적이다. 세계에서 가장 크고 성공적인 3대 소셜 네트워크인 링크드인, 페이스북, 트위터가 실제 존재하는 프로필을 기반으로 성장한 것을 보면 이를 증명해 준다. 반면 이 2가지를 모두 갖춘 네트워크가 하나 있는데, 바로 인스타그램이다. 인스타그램은 실명 기반으로 아이디를 만든 후에 또 다른 여러 개의 익명 아이디를 만들도록 허용한다. 실명과 익명의 2가지를 각각 용도에 맞게 선택하도록 했다.

· 동질적 VS 이질적

이것은 네트워크가 얼마나 동질적인지 또는 이질적인지 이해하는 것이다. 택시 앱 우버의 경우 운전자와 승객이 매우 유사하다. 운전자이면서 승객이 되기 쉽기에 네트워크의 동질성은 매우 높다. 반면에 사물인터넷(IoT)장치는 다양한 형태와 유형으로 네트워크에 연결된다. 센서, 카메라, 가전제품, 자동차 및 기타 장치를 포함하여 서로 매우 이질적인 구성이다. 따라서 모든 요구사항을 충족하기에 어려운 영역이다.

동질성은 네트워크를 더 빠르게 성장시킬 수 있게 해주지만, 사용자들의 이동이 쉽기 때문에 다른 경쟁자나 다른 네트워크의 공격에 더 취약한 경우가 많다. 우버와 리프트의 경우 동일한 사용자를 가지고 있으므로 경쟁에 노출된다. 네트워크가 동질적이냐 이질적이냐에 따라 네트워크의 성격도 달라진다.

동질 네트워크   **이질 네트워크**

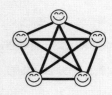

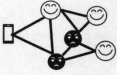

| 네트워크의 성격에 따른 구분

5장

(바이럴: 착륙에서 확장까지)

자발적으로, 그리고 즐겁게

돈 한 푼 들이지 않고 사용자 100만 명을 끌어모을 수 있는 방법은 무엇일까? 이에 대한 해답은 프로덕트가 바이럴을 장악하는 것뿐이다. 바이럴이 완성되면 사용자들은 저절로 찾아오며, 프로덕트를 칭찬하고 주변 사용자에게 추천한다.

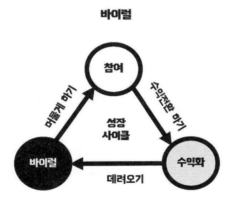

1. 사용자 확보를 위한 3가지

"임계점을 넘기 위한 도구들"
#가격효과 #브랜드효과 #바이럴

바이럴이란 무엇일까? 간단하게 정의를 내려보고 시작해 보자. 바이럴(Viral)은 바이러스(Virus)의 형용사형으로, '감염시키는, 전이되는'이라는 뜻이다. 즉, 바이럴 마케팅이란 바이러스가 전염되듯 소비자들 사이에 '입소문'을 타고 물건에 대한 정보가 끊임없이 전달되도록 하는 마케팅 기법이다. 프로덕트에서 네트워크 효과가 폭발적인 힘을 내도록 돕는다. 네트워크 프로덕트에서 바이럴 마케팅은 주로 무료로 사용자를 획득하는 데 사용된다. 바이럴에 대해서 조금 더 알아보자.

· 가격효과, 브랜드 효과 그리고 바이럴

이 3가지는 기업에게 성공을 가져다주고 실적을 높여주는 익숙한 수단들이지만 네트워크 프로덕트에 대한 이해를 방해한다. 전통기업은 네트워크 효과를 얻기 위한 계획과 실행을 한다. 그런데 실행 단계에서 오랜 기간 동안 해왔던 가격효과 및 브랜드 효과, 바이럴 방법을 혼동하여 실패한다. 그래서 이 구분을 정확히 이해하는 것은 적합한 실행을 위해 필요하다.

가격효과는 할인이나 쿠폰 행사처럼 사용자 가격의 저항선을 낮춰주면서 더 많은 사용자를 유도하고 더 많은 구매를 유도하는 전략이다. 그런데 가격효과는 할인이 종료되거나 다른 회사가 더 낮은 가격을 제시하면 즉시 사라진다. 일반적으로 할인 행사에 참여했던 1, 2%의 고객만 정기적인 유료 고객으로 전환한다. 크리스 앤더슨(Chris Anderson)이 2009년도 출판한 《FREE: 비트 경제와 공짜 가격이 만드는 혁명적 미래 (Free: The Future of a Radical Price)》에서는 공짜를 주장한다. 하지만 이는 단순한 공짜가 아니라 프리미엄 서비스로 유도하기 위한 공짜이다. 크리스 앤더슨은 이 책을 통해 자발적인 사용과 이를 통한 유료 전환에 대해 이야기한다. 그의 주장은 소모적이고 행사 기간에만 보여지는 일시적인 가격효과와는 다른 공짜에 대한 것이다.

브랜드 효과는 사람들이 특정 브랜드와 품질을 연관시킬 때 생긴다. 브랜드의 높은 수준을 고려하여 프로덕트 품질도 그와 같을 것이라는 기대다. 브랜드 효과도 가격효과와 마찬가지로 네트워크 효과와 비슷해 보이지만 실제로는 그렇지 않다. 브랜드 힘으로 인한 지표들이다. 브랜드의 가치가 높을 때 사용자들은 브랜드를 방문하고 프로덕트를 구매한다. 하지만 브랜드 가치를 높이는 데에는 비용이 많이 든다. 마케팅 활동이 고객의 네트워크 활동에 의해서 이루어지는 네트워크 프로덕트의 특성과는 극과 극의 대조를 보여준다.

가격효과, 브랜드 효과와 함께 네트워크 효과와 혼동하기 쉬운 것은 바이럴이다. 바이럴은 바이러스가 확산하는 방식처럼 정보 제공자가 메시지를 퍼뜨리면, 이를 받아들이는 정보 수용자를 중심으로 2차적인 확산이 되는 것을 말한다. 바이럴은 사용자들을 네트워크로 끌어온다. 그러나 네트워크 효과는 사용자들을 머물게 한다. 바이럴은 프로덕트 밖에 있는 사람들을 데려와서 가입하게끔 유도하는 것으로 엄밀히 말하면 네트워크 효과는 아니다. 네트워크 효과는 프로덕트 안에 머물면서 사람들 사이에서 가치를 늘리는 것이다.

바이럴	VS	네트워크 효과
채택속도	영향력	보전, 독점, 방어
프로젝트 가치와 무관	경쟁력	프로덕트 가치를 높여줌
프로덕트로 끌어옴	효과	프로덕트에 머물게 함
일시적	지속여부	지속적

| 네트워크 효과와 바이럴

가격효과, 브랜드 효과 그리고 바이럴은 모두 성장을 위해 필요한 요소이다. 각각의 속성을 이해하고 적합하게 활용해야 하지만 사업 초기에는 바이럴 효과가 더 필요할 수 있다. 이는 네트워크 효과가 발휘되기 위한 기반이 마련되기 전까지는, 사람들 사이의 자연스러운 입소문을 통한 성장 동력이 필수적이기 때문이다. 사업 초기에는 네트워크 효과의 임계점에 다다르기 위해 가격 할인이나 인센티브 제공 등 가격효

과를 활용한다. 네트워크 효과를 위해서는 우선 임계점을 넘어야 하기 때문이다.

2. 바이럴의 골든 룰

"고전적이면서도 가장 실제적이다"
#소셜화폐 #계기 #감성 #대중성 #실용적가치 #감시성

펜실베이니아대학교 와튼스쿨 마케팅학 교수인 조나 버거(Jonah Berger)는 《컨테이저스 전략적 입소문》[31]이라는 유명한 책을 통해 전염성 강한 소셜 마케팅, 즉 바이럴 마케팅에 6가지 법칙이 있다고 말한다. 그리고 이 6가지는 모든 마케터에게 전설적인 지침이 되었다. 또한 1억 명의 사용자를 만드는 경험을 소개한 《폭발 성장》[32]의 저자 클리프 러너도 그의 책에서 이 내용을 극찬한 바 있다. 이론적인 내용이 아니라 실제적인 방법이었기 때문이다. 스타트업으로서 수십 년 동안 검증된 지침과 폭발 성장을 경험한 선배의 극찬이라면 당연히 관심을 가져야 하지 않을까! 가장 고전적이면서도 가장 최신인 성장법임을 다시 한번 강조하고자 한다.

---

31 조나 버거, 정윤미 역, 《컨테이저스 전략적 입소문》, 문학동네, 2013년.
32 클리프 러너, 《폭발 성장》, 턴어라운드, 2019년.

바이럴 마케팅의 6가지 핵심 법칙은 프로덕트나 콘텐츠를 효과적으로 전파시키기 위한 원리들이다. 이 원리들은 사람들 간에 정보를 전달하고 공유하는 과정에서 특히 중요한 역할을 한다. 이 6가지를 간단히 살펴보도록 하자.

· 소셜 화폐의 법칙(Social Currency)

이 법칙은 사람들이 다른 사람에게 인상적인 이야기를 하면서 자신의 가치를 높이는 경향이 있음을 강조한다. 자신만 아는 독특한 정보를 통해 타인에게 가치를 전달하며 소셜 화폐를 쌓는다. 예를 들어, 스타벅스의 '퍼플 드링크(Purple Drink)'는 소수만 아는 비밀 메뉴이다. 이를 아는 사람은 소셜 화폐를 얻게 된다. 음식배달 플랫폼에서 새로운 메뉴나 할인 이벤트를 특정 그룹에 먼저 알리고, 이를 소셜미디어를 통해 공유하도록 장려하는 전략으로 사용할 수 있다.

· 계기의 법칙(Triggers)

사람들은 자주 노출되는 트리거에 반응하여 정보를 공유한다. 특정한 상황이나 맥락이 발생하면 연관된 내용이 자연스럽게 전파될 수 있다. 예를 들어, 벨소리가 맥도날드의 '빅맥' 광고 음악인 경우, 음악을 들을 때마다 맥도날드로 방문하게 된다. 금융 스타트업이라면 금리 변동이나 특별 이벤트 발생 시, 사용자에게 실시간 알림을 제공하고 이를 소셜미디어를 통해 공유하도록 하여 바이럴의 트리거로 활용할 수 있다.

· **감성의 법칙(Emotion)**

감정적으로 강렬한 내용은 사람들에게 더 잘 전파된다는 원리이다. 헬스케어 스타트업의 경우 사람들의 성공적인 다이어트 이야기나 감동적인 힐링 경험을 공유하여 사용자들 간에 긍정적인 감정을 유발할 수 있다.

· **이야기성의 법칙(Stories)**

눈에 잘 띄는 물건은 사람들이 모방하고 공유하는 데 도움이 된다. 아이폰을 사용하면서 자주 등장하는 애플 로고는 대중성을 지닌다. 그래서 다른 사람들에게 영감을 주고 공유될 가능성을 높인다. 프로덕트 홍보에 유명 인플루언서를 활용하여 프로덕트를 홍보하고 이를 소셜미디어를 통해 대중에게 알리는 활동은 이런 이유이다.

· **실용적 가치의 법칙(Practical Value)**

유용하고 실질적인 가치를 제공하는 정보나 콘텐츠는 사람들이 공유하는 경향이 높다는 법칙이다. 이케아의 가구 조립 설명서는 프로덕트를 사용하는 데 필요한 정보를 제공한다. 앞서 소개한 동영상 편집프로덕트 캡컷의 사용법도 SNS에 많이 공유되는 것을 볼 수 있다. 무료이면서 유료 동영상 프로덕트보다 강력한 기능을 제공하기 때문이다. 사용자들은 이를 공유하면서 유용한 정보를 주변 사람들에게 전달한다.

· 감시성의 법칙(Public)

　대중적인 관심을 끄는 콘텐츠는 사람들에게 더 많은 주목을 받고 공유될 가능성이 높아진다. 에너지 음료 레드불(Red Bull)의 경우 세계에서 가장 높은 고도에서의 스카이다이빙 대회를 개최한다. 관심을 끄는 콘텐츠는 소셜 마케팅 전략의 핵심이 되며, 프로덕트의 홍보와 전파를 촉진하게 된다. 바이럴을 증폭하기 위해 스타트업이 독특하고 주목받는 이벤트나 콘텐츠를 개최하는 이유이다.

　지금까지 간단하게 소개한 6가지 법칙은 소셜 마케팅 전략의 핵심 원리이다. 프로덕트나 콘텐츠의 전파에 중요한 역할을 해왔다. 바이럴 마케팅을 통해 프로덕트는 사용자들과의 상호작용을 증진한다. 또한 독특한 캠페인과 콘텐츠를 통해 더욱 효과적인 마케팅 전략을 구사할 수 있게 된다. 소셜 마케팅에서 이러한 법칙들을 잘 활용하면 프로덕트의 인지도를 높이고 긍정적인 사용자 경험을 조성할 수 있다.

3. 프로덕트 중심의 바이럴이 다른 점

"프로덕트와 바이럴을 통합하다"
#삼양식품_불닭볶음면 #슬랙 #리멤버

삼양식품 불닭볶음면의 매출 상승은 해외 매출 덕분이다. 해외 매출은 2018년도부터 2022년까지 꾸준히 증가했다. 급기야 국내 매출 1,000억 원 대비 해외 매출 3,400억 원을 기록하며 신기록을 달성하였다. 불닭과 해외는 어울리지 않게 보인다. 삼양식품 불닭볶음면에 무슨 일이 일어난 것일까?

지금은 메가 인플루언서인 영국 남자의 2014년 2월에 올린 불닭볶음면 챌린지는 해외 불닭볶음면 붐을 만들었다. 다양한 먹방 유튜버들이 '파이어 누들 챌린지(Fire Noodle Challenge)'라는 제목으로 영상을 만들었다. 그리고 영상은 끝도 없이 퍼져나갔다. 세계적인 푸드 파이터 맷 스토니(Matt Stonie)의 영상은 2022년 기준으로 약 1.3억 회를 기록하는 등 챌린지가 이어졌고, 해외 사용자들의 불닭볶음면 구매로 이어졌다. 재미있는 동영상 하나가 세계로 급속하게 퍼진다. 삼양식품의 불닭볶음면 사례는 소셜미디어를 활용한 성공적인 바이럴 마케팅이었지만 네트워크 프로덕트에서 말하는 바이럴과는 거리가 멀다.

네트워크 중심의 바이럴은 프로덕트 자체에 바이럴이 일어나게 하는 장치가 포함된다. 따라서 네트워크 프로덕트에서의 바이럴은 전적으로 프로덕트와 통합된다는 특징이 있다. 전통 조직에서 프로덕트 조직과 마케팅 조직이 분리되어 있다면, 네트워크 조직에서는 프로덕트 조직과 마케팅 조직의 구분이 없다.

이를 굳이 강조하는 이유는 네트워크 프로덕트에서 정의하는 바이럴이 더 효율적이면서도 지속적인 성장을 가져오기 때문이다. 페이팔의 사용자 간 결제 기능, 리멤버의 명함 보내기 기능이 그런 역할을 한다. 슬랙 같은 업무 협업 프로덕트는 동료를 초대하도록 하는 기능이 있고, 인스타그램 같은 사진 공유 앱은 페이스북 친구를 초대해서 연결하도록 하는 기능이 있다. 인스타그램이 휴대 전화 주소록을 연동하는 이유는 간단하다. 사용자들이 되도록 쉽게 초대 기능을 사용하도록 하여 프로덕트의 가치를 높이려는 의도이다.

프로덕트에 통합된 바이럴 기능

드롭박스: 프로덕트 폴더 공유

슬랙: 동료 초대

인스타그램: 페이스북 및 주소록 친구 초대

리멤버: 명함 보내기

카카오톡: 친구 초대, 선물하기

네트워크 프로덕트는 사용자 확보 방법으로 주로 바이럴을 활용한다. 그러나 단순히 독특한 영상이나 사진 제작으로 끝나지 않는다. 바이럴의 핵심은 프로덕트 자체에 내재된 바이럴 요소의 활용이다. 네트워크 프로덕트에서는 프로덕트 자체가 바로 바이럴 프로덕트라고 할 수 있기 때문이다. 예를 들어, 우버의 경우 운전자를 위한 바이럴 사이클에는 다른 운전자를 위한 추천 프로그램이 포함된다. 이런 과정을 통해 바이럴 성장을 원하는 팀은 각 과정에서 A/B 테스트를 진행하여 최적화하여 전환율을 높일 수 있다.

바이럴 성장

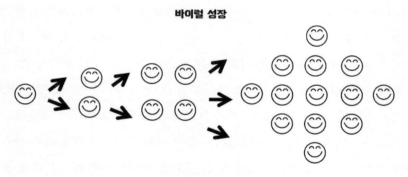

| 바이럴 성장의 원리

1) 우버 운전 교육받기

- 바이럴 사이클 시작

2) 운전 교육 종료 후 다른 기사 추천 방법 보기

- 동영상 또는 이미지, 추천 혜택 기입 여부

3) 초대하기

- 보낼 때 문자만, 초대자 이름 언급 여부

4) 초대받은 운전자가 가입하기

- 이름 입력, 본인 확인, 패스워드 만들기, 운전 면허증 업로드 등

5) 초대한 사람에게 가입 알림

- 초대자가 가입 즉시 또는 하루 뒤

6) 보너스 혜택 제공

- 10달러, 50달러, 100달러, 200달러 등

바이럴을 기획하는 프로덕트팀은 이런 형태로 각 과정과 과정에 해당하는 과업을 테스트한다. 그리고 전환율과 전송된 초대장 수를 측정하여 바이럴의 현황을 눈으로 살펴볼 수 있다. 테스트가 충분할수록 바이럴 사이클의 완성도는 올라간다.

4. 절대 강요하지 않는다

"앱 평점과 순고객 추천지수"
#시그널플래너

    보험 관리 앱 시그널플래너의 모바일 평점은 5점 만점에 4.9점이다. 현재 금융 분야에서 평점 4.9점을 유지하는 앱은 시그널플래너가 유일하다. 앱 운영사인 ㈜해빗팩토리의 마케팅을 담당하는 임원은 "지인에게 추천할 의향이 있냐"는 질문에 "8~10점을 준 응답자가 10명 중 9명에 달한다"고 설명했다.[33] 높은 추천 의향은 프로덕트 성장 담당자에게 엄청난 희소식이다. 사용자를 통해 가입이 이루어지기 때문에 지속적인 성장이 가능하며, 광고를 위한 예산도 절감할 수 있다. 또한 시그널플래너는 고객의 추천 정도를 나타내는 지표인 순 고객 추천지수(NPS: Net Promotion Score) 77점을 얻었다. 일반적인 금융회사의 NPS가 44점

---

33   〈해빗팩토리, 2년째 앱 평점 4.9점… 금융분야 유일〉, 조선비즈, 2023. 03. 22., https://biz.chosun.com/industry/company/2023/03/22/4GJQW2P6T5H7LCOUI4OFPBPAI4/?utm_source=naver&utm_medium=original&utm_campaign=biz

인 점을 감안하면 대단히 높은 수치이다. 시그널플래너가 이 같은 놀랄 만한 성과를 위해 집중한 일이 무엇일까? 그리고 순 고객 추천지수와 어떤 관계가 있는지 알아보자.

· 바이럴을 위해 집중한 일, 앱 평점

시그널플래너가 중요하게 생각한 일은 모든 스타트업이 이미 알고 있는 앱 평점이었다. 앱 평점에 집중한 이유는 사용자가 앱을 선택하는 기준을 살펴보면 쉽게 이해가 된다. 오픈서베이가 발표한 트렌드 리포트에 따르면 앱을 이용할 때 중요하게 생각하는 사항 중 리뷰와 앱 평점이 23.8%로 높은 비율을 차지했다. '앱 평점을 올리는 방법'이란 유료 강의가 있을 정도로 앱 평점은 스타트업에 중요하다. 그만큼 평점을 올리는 활동은 쉽지 않기도 하다. 그렇다면 시그널플래너가 4.9점이라는 높은 평점을 얻은 이유는 무엇일까? 회사는 사용자 조사를 기반으로 다음에 제시하는 3가지를 주요한 원인으로 분석했다.

보험 가입을 강요하지 않는다(8.5%)

'보험' 하면 떠오르는 이미지는 시도 때도 없이 걸려오는 전화 영업, 혹은 설계사의 방문 영업이다. 누구나 한 번쯤은 그런 경험이 있다. 이러한 문제점을 알고 있는 시그널플래너는 강요하지 않는다. 이렇게 할 수 있는 이유는 상담직원이 정규직이기 때문이다. 정규직은 매월 안정적으로 급여를 받는다. 보통 상담직원은 계약직이라 기본적인 급여가 없다. 하지만, 시그널플래너는 고객의 보험이 잘 가입되어 있다면 잘 가입되어 있다고 전달하고 상담을 끝낸다. 어떠한 상황에서도 보험에 대해 객관적인 사실만 전달하고, 혹여 보험 가입이 필요한 경우라도 절대 강요하지 않는다는 지침은 사용자들이 자발적으로 보험을 추천하는 계기가 되었다.

인공지능과 사람의 영역을 나눈다(20%)

고객은 보험 가입이 필요할 때, 여러 회사의 보험을 비교하고 싶어 한다. 그런데 많은 회사의 보험을 비교 받기는 어렵다. 일일이 모든 회사의 전산 시스템에 들어가 견적을 뽑아서 가격 비교를 하는 일은 설계사로서는 매우 시간과 노력이 드는 일이기 때문일 것이다. 하지만, 시그널플래너는 손해 보험사 및 다수의 생명보험사 상품을 10초 만에 비교하여 고객에게 제시한다. 이것은 어떻게 가능한 걸까? 알고리즘과 자동화 기술을 활용해 사람의 개입을 최소화하고 자동화했기 때문이다. 마이데이터를 기반으로 상품과 보장 설명집을 구축하여 분석의 틀을 만들었고, 매월 업데이트되는 가설계 시스템을 이용하여 보험사별 고객의 월 보험료를 한눈에 확인한다. 또한, 고객의 보험 가입 전후 상황도 쉽게 정리하여 고객에게 설명한다. 인공지능이 잘하는 영역은 인공지능이, 사람이 잘하는 영역은 사람이 담당한다.

쉽게 설명한다(31.8%)

시그널플래너의 목표는 고객이 어렵게만 느꼈던 보험을 쉽게 설명하는 것이다. 예를 들어 상해 사망이라고 하면 다쳐서 사망 시 보험금이 나오는 항목인데, 이걸 세분하면 교통사고 상해 사망, 대중교통 상해 사망 등 각각 지급 금액이 세분화된다. 시그널플래너는 상세 항목을 DB화하여 대중교통사고로 사망했을 때는 얼마가 지급되는지 한 번에 알 수 있게 제공해 준다.

고객이 시그널플래너 활용을 쉽게 생각하는 데에는 카카오톡 기반의 상담도 긍정적인 영향을 주었다. 모든 상담 내역이 남아 있고, 언제든 다시 확인이 가능하기 때문이다. 듣고 지나가면 잊어버리기 쉬운 전화 영업, 방문 영업과는 달리 보험에 대해 충분히 이해하고 생각할 시간을 제공한다.

시그널플래너는 앱 평점이라는 목표를 분명히 정했다. 이를 위해 필요한 것을 강요하지 않기, 객관적으로 분석하기, 쉽게 설명하기로 정하고 필요한 일을 진행했다. 그 결과 고객들은 "어떻게 시그널플래너를 알게 되었는가?"에 대한 대답으로 '지인 추천'을 1순위로 꼽았다.

· 바이럴을 측정하는 지표, NPS

프로덕트가 주는 가치에 자신감이 생긴 이후에는 바이럴 즉 사용자가 추천을 하도록 만들어야 한다. 시그널플래너의 사례에서는 앱 평점 이외에 고객의 추천 정도를 측정하는 NPS 점수를 이야기한다. 이는 앱 평점보다는 NPS 측정을 통해 사용자가 다른 사람에게 우리 프로덕트를 추천하는지 정확히 알 수 있기 때문이다.

NPS는 고객 만족도를 측정하는 사용자 조사 방법으로 알려져 있지만 정확히 이야기하자면 바이럴이 일어났는지 알 수 있는 지표이다. 스타트업은 NPS를 간단하게 자체적으로 진행할 수도 있다. 우선 특정한 고객를 선정하고 "지금 사용한 프로덕트를 다른 사람들에게도 추천하는가?" 같은 단순한 질문을 준비한다. 그리고 대상자에게 0점에서 10

점까지의 척도로 명시적으로 물어본다. 물론 온라인 설문도 가능하다. 데이터를 집계하고 나서 추천 고객(9~10점) 비율(%)에서 비추천 고객 (0~6점) 비율(%)을 빼서 NPS를 산출한다.

| 시그널플래너 앱스토어 소개와 평점

NPS는 추천 고객 비율이 높고 비추천 고객이 낮을수록 점수가 높다. NPS가 높다는 것은 비추천 고객의 비율이 낮다는 뜻이다. 반면 추천 고객이 많으면서 비추천 고객 역시 많다면 NPS는 낮아지게 된다. 예를 들어 시그널플래너의 NPS가 77점이라는 것은 응답자 90%가 추천이고 13%가 추천하지 않는 경우이다. 이런 방법으로 자사의 NPS를 측정하여 바이럴의 조건을 갖추었는지 확인할 수 있다. 에어비앤비의 경우

NPS 질문 이외에도 재예약률에 영향을 주는 리뷰 점수, 목적지, 숙박 가격, 방 유형 등을 함께 조사하며 재예약률을 예측[34]하는 데 활용했다.

· NPS의 5가지 장점과 한계

NPS 조사는 5가지 장점이 있다. 첫째, 사용하기 쉽고 직관적인 조사가 가능하다. NPS 조사를 수행하는 데 분석 전문가는 필요 없다. 설문 조사 질문이 간단하고 이를 물어볼 대상을 선택하고 취합한다. 엑셀을 이용할 줄만 알면 된다. 둘째, 중요한 결정을 하는 경영진에게 유용하다. 경영진들은 고객이나 프로덕트에 대한 평가를 매년 또는 매 분기 진행하여 이를 경영 의사결정에 활용한다. 이때 경쟁업체와 비교할 수도 있고 프로덕트의 현황을 파악할 수 있는 직관적인 방법이 된다. 셋째, 실행하고 이해하기 쉽다. 조사를 위한 어려운 마케팅 용어를 배우지 않아도 된다. 고객을 9~10점을 준 추천 고객, 0~6점을 준 비추천 고객, 7~8점을 준 수동적 중립 고객으로 분류한다. 이런 분류체계와 계산 방식은 신입사원이나 아르바이트생조차도 쉽게 조사할 수 있을 정도이다. 넷째, 사업 성장을 위한 평가지표가 된다. 특히 과거 사업 성장을 평가할 수 있다. 하버드대학교 비즈니스 전문지 《하버드 비즈니스 리뷰 (HBR)》의 〈The One Number You need to Grow〉[35]에 의하면 NPS는 실제로 기업의 3년 성장률과 비례한다. 다섯째, 경쟁사 벤치마킹이 가

---

34 https://medium.com/airbnb-engineering/how-well-does-nps-predict-rebooking-9c84641a79a7

35 〈The One Number You need to Grow〉, 《하버드 비즈니스 리뷰(HBR)》, 2013. 12., https://hbr.org/2003/12/the-one-number-you-need-to-grow

능하다. NPS는 전 세계적으로 공통적으로 사용하고 있기 때문에 비교 분석이 가능하다.

반면 NPS 조사는 한계도 존재한다. 첫째, 가장 큰 단점은 추천과 비추천의 구체적인 이유를 알 수 없다는 것이다. 앱 리뷰를 통해서는 추천 사유, 해지 사유 등의 구체적인 사항을 알 수 있는 반면 NPS는 그렇지 못하다. NPS만으로는 향후 계획을 세우지 못한다. 스타트업이 NPS 조사를 한다면, 현황 파악보다는 오히려 이후 실행 계획을 세우기 위함일 것이다. 따라서 NPS의 한계를 알고 구체적인 내용을 파악하기 위해서는 앱 리뷰, 사용자 CS, 핵심 고객 관찰 등의 추가적인 조치가 필요하다. 둘째, 만족도 조사는 응답자들이 상대적으로 후한 점수를 주는 경향이 있기 때문에 실제 고객이 계속 재방문과 연결되지 않는다. 즉 추천과 재방문은 별개라는 뜻이다. 따라서 앞 장에서 설명한 '참여'에 대한 설계가 선행되어야 한다.

네트워크 효과를 통해 성장한 글로벌 탑 기업들이 NPS를 적극적으로 활용하는 반면 국내 기업들은 NPS에 대해 소극적이다. 국내 전통 대기업이 제조업을 기반으로 성장하여 사용자 추천에 대한 중요도가 상대적으로 낮기 때문일 것이다. 에어비엔비는 다른 지표와 함께 NPS를 적용한다. 그리고 시그널플래너는 앱 평점과 NPS를 업무 우선순위 기준으로 활용하였다. 따라서 바이럴을 통한 성장을 고민하는 스타트업은 다음과 같은 질문이 필요하다.

사용자는 다른 사람에게 이야기할 정도로 우리 프로덕트를 좋아하는지?

좋아하는 정도를 숫자로 표현할 수 있는지?

5. 바이럴 성장을 숫자 하나로

"변화를 관찰하다"
#줌 #구글미트

성장이 시작되면 바이럴의 목표는 지속성이다. 우연한 기회로 사용자가 몰려올 수는 있겠지만 지속되지 못한다면 폭발 성장은 불가능하기 때문이다. 지속성을 만들기 위해 바이럴 성장을 측정할 수 있을까? 스타트업에게 막연하게 느껴질 수 있지만, 바이럴 성장을 숫자 하나로 나타낼 수 있는 방법이 있다.

방법은 바이럴 상수(Viral Factor)를 활용하는 것이다. 바이럴 상수는 바이럴 마케팅이나 바이럴 캠페인의 성공을 측정하는 지표이다. 이 지표는 한 사람이 프로덕트를 얼마나 많은 다른 사람에게 공유하거나 전파시키는지를 나타내는 값이다. 앞서 소개한 순 고객 추천지수(Net Promotion Score)와 비슷해 보이지만 조금 다르다. 어떻게 다른지 살펴보도록 하자.

바이럴 상수는 주로 'K값'으로 표현되며, 일반적으로 K값이 1보다 크면 바이럴 마케팅이 성공적으로 전파되고, K값이 1보다 작으면 전파가 멈춘다는 뜻이다. 예를 들어, K값이 0.5라면 한 사람이 프로덕트 또는 콘텐츠를 평균적으로 0.5명에게 공유하거나 전파시키는 것을 의미한다. 어떤 프로덕트를 출시하고 1,000명의 사용자가 다운로드한다고 가정해 보자. 이들 1,000명 중 일부가 초대장을 보내고, 다음 달에 500명이 가입을 하게 된다. 그다음에는 500명이 친구를 초대하여 250명이 가입하고, 그들이 다시 125명을 가입시키는 과정이 계속되어 결국 0으로 수렴하게 된다. 여기서 초대장을 보낸 사용자 수(1,000명)와 링크를 타고 가입한 신규사용자 수(500명)를 계산해 보면 바이럴 상수 K는 0.5가 된다. 결국 바이럴 상수가 0.5이고 초기 사용자가 1,000명이라면 바이럴이 끝나면 총 2,000명이 된다. 상수가 높으면 더 큰 숫자가, 상수가 적으면 더 적은 숫자의 사용자를 데려온다는 의미다.

화상회의 프로덕트인 줌(Zoom)이나 구글 미트(Meet)로 회의를 시작했다고 가정해 보자. 회의 주체자는 회의 방을 개설한 후 회의실 주소를 복사하고, 붙여넣기와 같은 간단한 활동으로 사용자를 초대한다. 초대자가 회사 외부 사람이라도 아무런 장애물 없이 주소를 클릭하여 회의 방으로 들어온다. 회사가 특정 화상회의 프로덕트를 공식적으로 사용하면 직원들은 물론 외부의 파트너들까지 모두 같은 프로덕트를 사용하게 된다. 이때 바이럴 상수 K는 1에 가까워질 것이다. 프로덕트의 고유 가치와 바이럴이 연결되어 있기 때문에 가능한 일이다.

· 바이럴 상수 높이기

바이럴 상수를 높이기 위해서 중요한 몇 가지를 고려해야 한다. 첫째, 프로덕트 자체가 매력적이고 흥미로워야 한다. 사람들이 자발적으로 공유하고 전파시키고 싶어 하는 프로덕트가 아니라면 바이럴은 일시적인 이벤트로 끝난다. 둘째, 공유하기 쉬운 기능이 제공되어야 한다. 소셜미디어 공유 버튼, 이메일 전송 링크, 주소 복사 버튼, SMS 알림을 보내는 것을 포함하여 사람들이 쉽게 공유할 수 있도록 프로덕트 자체에서 도와주어야 한다. 셋째, 사용자 인센티브가 있을 경우 전파가 더욱 확산된다. 예를 들어, 프로덕트를 추천한 사람과 추천을 받은 사람 모두에게 혜택이 주어진다면 사람들이 더욱 적극적으로 전파를 시도한다.

바이럴 상수가 정의되면, 프로덕트의 변화를 관찰하기 수월해진다. 지표를 나침반 삼아 바이럴 상수를 높이기 위한 여러 활동들을 새로 시작할 수 있다. 메일을 보내거나 문자 메시지를 활용하고, 파격적인 조건을 걸고 선착순 사용자에게 혜택을 줄 수 있다. 하지만 궁극적으로 큰 바이럴 상수를 얻기 위해서는 대규모 바이럴 프로젝트, 수백 번의 전환율 최적화, 네트워크 프로덕트의 조합이 필요하다. 그리고 이 조합은 나중에 이야기하게 될 수익화로 연결될 때 더욱 강력해진다.

바이럴로 성장한 프로덕트는 경쟁자가 모방하기 어렵다. 이는 단지 마케팅 기술이 아니라, 프로덕트에 내재된 기술적 특성을 이용하기 때문이다. 프로덕트와 밀착하여 사용자를 익숙하게 만들면 독보적인 기업의 무기가 된다. 바이럴 상수는 네트워크 프로덕트의 사용자 획득 정도를 예측하고 평가하는 데 사용된다. 높은 바이럴 상수는 프로덕트의 인지도를 증가시키며 성장을 촉진한다. 더 많은 사용자를 확보하여 시장에서의 경쟁력을 높인다. 아직까지 성장을 측정할 지표를 찾지 못했다면 바이럴 상수를 살펴보기 바란다.

6. 마케팅 퍼널의 재검토

"착륙 후 확장"

#카카오톡_부모님용

바이럴은 사용자 획득과 성장을 위해 마케터 사이에서 이미 널리 사용하고 있는 전략 중 하나이다. 또한 그 효과도 지속적으로 입증되고 있다. 그러나 이전에도 언급한 바와 같이, 성장을 위해서는 바이럴로 사용자를 유입시키는 것만으로는 충분하지 않다. 의미 있고 지속적인 성장을 위해서는 사용자를 유입시키는 일 외에도 그들을 머무르게 하고 그들의 참여를 유도하며 수익화로 연결하는 일이 동시에 진행되어야 한다. 바이럴 마케팅 하나만으로는 네트워크 프로덕트의 이점을 얻을 수 없다. 이러한 이유로 네트워크 프로덕트에서는 바이럴 성장을 다른 말로 '착륙 후 확장'이라고 한다.

네트워크 프로덕트의 바이럴을 살펴보면 착륙(Land)과 확장(Expand) 두 단계로 나눌 수 있다. 첫째로, 착륙은 새로운 사용자를 유입시키는 단계이다. 이를 위해 대규모 광고 캠페인과 소셜미디어를 활용하여 새로운 사용자를 유치하는 것이 주요 목표이다. 첫 착륙 단계는 브랜드의 인지도를 높이고 대규모 사용자 유입을 유도함으로써 중요한 역할을 한다. 따라서 많은 스타트업도 프로덕트 성장을 위해 바이럴 마케팅을 진행하고 이를 성공적으로 수행한다. 두 번째로, 확장은 기존 사용자와의 연결을 강화하고, 새로운 사용자가 기존 사용자와 상호작용 하며 네트워크를 확장하는 것이다. 첫 번째 방법에 비해서 소홀하기 쉬운 부분이다. 참여를 강화하기 위해 아는 사람 추천, 관심 콘텐츠 추천 등의 알고리즘을 활용하여 처음 방문한 사용자가 다른 사용자와 관계를 맺도록 유도한다. 또한 관심사를 입력받아 이미 활성화된 커뮤니티에 참여하도록 한다.

> 바이럴 = 착륙 + 확장

예를 들어, 사용하던 카카오톡을 부모님에게 알려드렸을 때의 상황을 살펴보자. 카카오톡 사용법을 알려드리게 되고 익숙해지면, 카카오톡을 가족들과 연결되도록 한다. 더 나아가 친구들과 관계를 확장해 사진을 주고받아 결국 모든 부모님들이 카카오톡을 사용하는 현상이 발생한다. 네트워크 프로덕트의 성장 담당자로서는 만족스러운 결과이다. 따라서 바이럴 마케팅이 성공하려면 착륙으로 시작해서 확장으로 완성해야 한다.

착륙은 바이럴을 통해 달성할 수 있고 확장은 기존에 있는 네트워크의 참여 방법으로 연결하게 해준다. 따라서 일반적으로 바이럴을 통해 출시하는 프로덕트가 광고홍보보다 더 크게 효과적으로 사용자가 늘어난다. 착륙에서 확장으로의 연결은 더 많은 사용자를 끌어들이고 네트워크를 확장하는 핵심 메커니즘이 된다.

여기서 주의할 사항은 지나치게 세분화한 마케팅 활동이다. 특히 대기업에서 바이럴을 통한 유입은 마케팅팀의 일이고, 유입된 사용자 확장은 프로덕트팀의 몫이 되기 쉽다. 이렇게 조직이 분리되어 일을 하는 경우 확장으로의 연결에 성공하지 못한다. 이러한 흔한 현상은 사용자가 프로덕트에 방문하면, 가입과 구매자 수가 증가하여 결과적으로 전체적인 사용자의 수가 커지리라는 생각 때문이다. 그러나 이 가정은 잘못되었다. 데이비드 맥클루어는 고객의 생애주기를 단순화해 AARRR이라는 콘셉트를 선보여 전 세계적으로 유명해졌다. 이 방법은 사용자가 프로덕트를 인식하고 충성 고객으로 변화되는 과정을 대여섯 개의 퍼널(Funnel, 깔때기)로 단순화한 것이다. 잘 알려진 개념이지만 단계를 나열해 보면 아래와 같다.

> 획득(Acquisition) : 사용자가 가입하거나 가벼운 첫 이용자가 된다.
>
> 활성화(Activation) : 프로덕트를 사용, 구매한다.
>
> 유지(Retention) : 프로덕트를 재사용한다.
>
> 수익(Revenue) : 반복적인 사용으로 이익을 주는 고객이 된다.
>
> 추천(Referral) : 고객이 다른 고객에게 추천한다.

퍼널의 개념은 깔때기를 통해 물이 흐르는 것처럼 프로덕트의 성장 단계를 명확하게 나누어 주었다. 그러나 프로덕트에 적용할 때는 진짜 물처럼 일정량이 다음 단계로 저절로 흐르지 않는다는 점을 주목해야 한다. 대규모 광고와 경품 이벤트를 통한 사용자 유입은 그 활동이 끝나면 다음 단계로 흐르지 않고 바로 사라지는 경우가 대부분이다. 그럼에도 불구하고 여전히 각 단계를 나누고 성장이 정체되거나 실적이 저조할 때 사용자를 확보하기 위해서 마케팅 퍼널을 진행한다. 실제로 필자도 성과를 위해서 전방위적으로 마케팅을 진행한 결과 이탈률 96.4%라는 통계를 확인한 적도 있다. 허망하게 날아간 마케팅 비용은 누구의 탓인가? 무지한 자신 말고는 탓할 사람이 없다. 이같이 프로덕트와 연결되지 않는 마케팅 활동은 월간 사용자 통계를 늘려주는 효과는 있지만 일시적이고 소모적인 활동으로 끝난다.

바이럴은 '바이럴' 활동으로 끝나지 않고, 사용자를 기존 네트워크에 '참여'시키는 것으로 완성해야 한다. 이때 프로덕트 또한 성장한다. 바이럴로 유입하고, 참여로 머물게 하는 방법을 이해했다면 이제 사용자를 수익으로 연결시키는 것을 살펴볼 차례이다. 다음 장인 6장에서는 프로덕트 성장 사이클의 3가지 중 마지막 요소인 '수익화'에 대해서 알아볼 것이다.

네트워크 효과 에센셜 5.

방향성과 클러스터링

#일대일VS일대다 #클러스터링

· 일대일 VS 일대다

네트워크에서 노드 간의 관계는 2가지 속성을 갖는다. 하나는 일대일이고, 다른 하나는 일대다이다. 일대다 연결의 주요 속성은 상호작용의 흐름이 단방향 링크인 반면, 일대일 관계는 일반적으로 상호적이다. 트위터나 인스타그램이나 유튜브 같은 경우에는 한 사람을 여러 다수가 팔로우하는 구조이다. 팔로우가 많은 사람을 중심으로 팔로우가 많지 않은 여러 명으로 연결된다. 인플루언서와 팔로워의 관계가 일대다의 관계가 된다.

일대일 연결에서도 일대다 연결이 추가될 수도 있다. 초기 일대일 연결만 가능했던 페이스북이 팔로우 기능을 추가해서 일대다 연결 속성을 갖게 되었다.

페이스북 같은 소셜 네트워크에서는 일부 사용자에게는 친구가 많고 다른 사용자는 거의 없다. 일대다 관계가 있는 중앙 노드는 주변 노드로 전파할 수 있는 반면, 연속해서 상호작용은 발생하지 않는다. 크리에이터와 팬, TV와 시청자가 이에 해당된다.

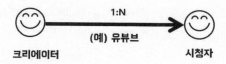

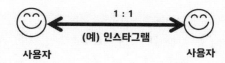

| 일대일 일대다

· 클러스터링

실제 네트워크 내에서는 노드가 균등하게 분산될 가능성이 없다. 전체 네트워크 속에서는 긴밀하게 연결된 작은 규모, 즉 클러스터링을 형성한다. 이런 각각의 클러스터는 고립되어 있고 독립적으로 활성화되지만 다른 클러스터와 연결되는 경우가 있는데 이 링크를 '브리지'라고 한다.

클러스터링은 사람들이 더 넓은 네트워크보다 더 활동적인 하위 그룹을 형성하는 관심사를 중심으로 모인 동호회나 기업의 직원들이 좋은 사례일 것이다. 오픈 채팅방, 카페 같은 모임에서의 네트워크 클러스터의 모습을 볼 수 있다. 소셜 네트워크 분석에서는 네트워크의 클러스터링을 통해 친구 관계, 그룹, 관심사에 따른 분포도를 파악한다. 클러스터링 밀집도가 높으며 각 클러스터를 연결하는 브리지가 적절하게 구성되어 있으면 네트워크 성장의 관점에서는 좋은 신호이다. 이유는 1장 〈세상을 변화시킨 3가지 법칙〉에서 설명한 바 있다. 이렇게 되면 네트워크는 성장하는 동안 가치가 기하급수적으로 증가한다. 반면 클러스터링이 독립적이며 브리지가 시간이 지나도 생성되지 않으면 네트워크 성장 속도는 정체되거나 느리게 된다.

인스타그램이나 페이스북 같은 소셜 네트워크에서는 인플루언서를 중심으로 팬들의 클러스터링이 구성된다. 반면 처음 가입한 사용자는 고립되어 아무와도 연결되지 않은 상태이다. 이렇게 고립된 상태가 지속되면 탈퇴의 가능성이 높아진다. 따라서 제대로 된 네트워크 프로덕트의 경우 신규사용자에게는 인플루언서를 추천하게 된다.

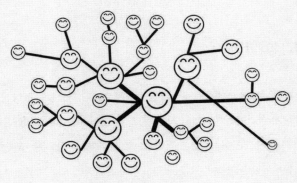

| 네트워크 클러스터링

6장

(수익화: 디지털 시대의 경제학)

수익창출의 핵심 이코노미

대부분 네트워크 프로덕트는 서비스 모델과 수익모델이 분리되어 있다. 따라서 참여와 바이럴을 통해 커진 네트워크 프로덕트는 수익으로 연결되어야 한다. 이번 장에서는 참여와 바이럴을 통해 모인 사용자를 수익으로 연결하는 방법에 대해서 알아본다.

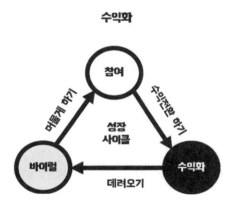

1. 시대를 초월한 비즈니스 모델의 진화

"참여를 수익으로 연결하는 7가지 방법"
#다음 #그라니카 #아프리카TV #네이버웹툰

비즈니스 모델은 기업이 어떻게 가치를 창출하고, 전달하고, 돈으로 회수할지에 대한 이야기다.[36] 일반 프로덕트의 경우 고객에게 가치를 제공하는 서비스 모델과 돈을 버는 수익모델이 일치한다. 사람들에게 가치 있는 물건을 팔고 돈을 받는다. 하지만 네트워크 프로덕트에서는 대부분 무료로 제공한다. 구글은 검색을 무료로, 카카오톡은 메신저를 무료로, 당근마켓은 중고거래 장터를 무료로 제공했다. 프로덕트의 무료화는 전통적 비즈니스 관점에서 보면 매우 이상하다고 생각할지 모르겠다. 그러나 네트워크 효과를 이용한 비즈니스에서는 자연스럽게 볼 수 있는 일이다.

---

36 Alexander Osterwalder · Yves Pigneur, 《Business Model Generation》, John Wiley & Sons, 2010.

이유는 디지털 프로덕트는 인터넷 초창기부터 무료를 기반으로 시작했기 때문이다. 인터넷이 나온 초기부터 구글, 인스타그램, 네이버 등 수많은 프로덕트들이 무료로 서비스를 시작했다. 프리챌의 경우 무료로 제공하던 클럽 서비스를 유료화했다가 사용자들의 거센 항의로 대규모 사용자 이탈이 발생했다. 지금은 카카오와 합병된 다음(Daum) 역시 메일 서비스를 유료화하려다가 실패 후 지금까지 무료서비스로 제공하고 있다. 사용자를 확보하면 수익은 자연스럽게 따라온다는 멋진 말도 듣겠지만 한번 무료화된 서비스를 기반으로 돈을 버는 비즈니스는 그렇게 간단한 문제는 아니다. 우리나라를 포함한 전 세계 언론사들이 인터넷 사업 수익에 대해 고민하고 있지만 쉽게 답을 찾기는 어려운 실정이다. 참여와 바이럴로 연결된 사용자를 기반으로 수익화를 이끈다면 디지털 비즈니스 모델이 완성되는 셈이다.

· 네트워크 효과 비즈니스 = 참여 + 바이럴 + 수익화

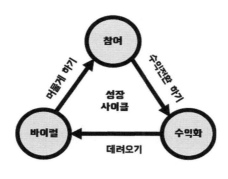

| 네트워크 효과 비즈니스의 3가지

스몰 네트워크가 커져서 만들어진 참여와 바이럴이 사용자에게 어떤 가치를 창출하여 어떻게 전달할지에 대한 고민이라면, 수익화는 돈을 누구에게서, 어떻게 벌 것인지에 대한 고민이다. 결국 수익화는 판매, 광고, 중개 모델을 기본으로 하여 파생된다고 할 수 있다. 그간 살펴본 참여, 바이럴을 통해 유입된 사용자들에게 돈을 지불하게 하는 방법을 7가지로 나누어 살펴보도록 하자.

· 수익화의 7가지

현금 유출의 중단

이 방법은 직접적으로 수익을 만드는 모델이라기보다는 그 이전에 네트워크 프로덕트에서 진행하던 현금 유출의 요소를 점검하는 것이다. 특히 양면 네트워크 프로덕트 초기에는 상대적으로 중요한 공급자에게 현금성 요소들을 지원하게 된다. 즉 상품권 지급, 직접적으로 현금 지급, 수수료 면제 등의 정책을 진행할 수 있다. 그러나 수익모델을 고려하는 시점에서는 이런 현금 유출의 요소들을 중단하고 이를 유료화 가능한 부분을 찾아야 한다. 유료화 자체가 목적이라기보다는 현금 유출 요소들을 네트워크의 작동에 방해받지 않는 수준에서 멈추는 것이다.

직접 판매 모델

사용자로부터 프로덕트 사용에 대해 직접 과금을 하는 모델이다. 프로덕트가 제공하는 가치가 뛰어날 때 적용할 수 있다. 네트워크 프로덕트가 아닌 전통적인 프로덕트의 수익모델이다. 하지만 최근 챗GPT를 시작으로 인공지능이 장착된 프로덕트가 활성화되면서 사용자에게 직접적인 사용 요금을 부과하는 것이 많아지고 있다.

구독 모델

구독 모델은 직접 판매 모델의 다른 형태이다. 직접 판매 모델이 일회성 결제인 것에 비해 구독 모델은 정기적인 결제를 하는 방식이다. 구독 모델은 매달 일정한 가격을 지불하면서 서비스를 무제한으로 이용하도록 한다. 구독 모델은 사용한 만큼 과금하는 종량제 구독 모델로 파생했다. 또한 약속된 성과 기반으로 가격을 매기는 성과 기반 가격모델로 발전하고 있다. 성과 기반 가격모델은 매출 증가나 비용 절감 등 특정 비즈니스 목표를 달성하면 여기에서 일정 비율을 과금하는 데 초점이 맞춰져 있다. 그라니카(Granica)는 클라우드 스토리지를 압축해 클라우드 비용을 절감하는 인공지능 솔루션을 제공하는 회사인데, 고객이 절감한 비용의 일부가 그라니카의 수익이 된다.

프리미엄 모델

프리미엄 모델은 기본적인 프로덕트는 무료로 제공하지만, 추가적인 기능을 원할 경우 돈을 지불해야 하는 모델이다. 프리미엄 모델은 사용자가 서비스를 더 잘 활용하도록 하며 서비스와 밀접한 연관이 있다. 아프리카TV의 별풍선이 좋은 예이다. 방송 참여는 무료이지만 방송을 하는 BJ를 위한 선물인 별풍선을 주는 건 유료이다.

광고 모델

기업이 사용자에게 프로덕트를 무료로 제공하고, 대신 광고를 붙이는 모델이다. 여기에서 판매 대상은 기업들이며 판매 상품은 네트워크 사용자들이 된다. 돈을 받는 방법은 광고 모델에 따라 대표적으로 CPM(Cost Per Mile)과 CPC(Cost Per Click)가 있다. CPM은 광고가 1,000번 노출됐을 때의 비용을 의미한다. CPM의 'M'은 라틴어로 천을 뜻하는 'Mile'을 의미한다. 1,000명의 사용자에게 노출되었을 경우 정해진 돈을 받는다.

CPC(Cost Per Click) 모델은 사용자가 광고를 보고 광고주의 페이지로 이동하기 위해 클릭한 수만큼 돈을 받는 방식이다. 광고 모델은 오래된 수익화 방식이지만 여전히 가장 많이 활용되고 있는 방식이다.

중개 모델

사용자가 네트워크 프로덕트 안에서 입점한 기업에게 비용을 지불하면 그에 따른 수수료를 받는 모델이다. 플랫폼 기업의 주된 수익화 방법이다. 다만 중개 모델은 소규모 네트워크 프로덕트보다는 충분한 소비자와 공급자의 수가 가능한 대형 플랫폼 기업에게 의미 있는 수익이 만들어진다.

복합 모델

최근에는 다양한 수익화의 방법이 시도되고 있는데 이유는 그만큼 네트워크 프로덕트의 종류가 다양해지고 또한 사용자의 선택권도 많아졌기 때문이다. 복합 모델은 이런 다양성을 수용하기 위해 네트워크 프로덕트에 여러 개의 모델을 적용한다. 유튜브의 경우 기본적으로는 광고 모델을 적용하고 있지만 프리미엄 구독 모델을 통해 돈을 내면 광고 없이 영상을 시청할 수 있다. 네이버 웹툰의 경우에는 만화 보기는 쿠키를 구매 후 지불해야 하지만 쿠키는 광고를 본 후에 얻을 수 있다. 직접 판매와 광고를 복합적으로 적용한 수익모델이다.

네트워크 효과 비즈니스 모델은 생명체처럼 계속 진화한다. 수익모델을 살펴보다 보면 왜 네트워크 프로덕트가 참여, 바이럴과 별도로 수익화에 대해서 고민해야 하는지 이해했을 것이다. 구글, 아마존과 같이 성장한 거대 네트워크 프로덕트는 서비스 초기부터 수익에 대해서 고민하지 않았지만, 최근 비즈니스를 시작하는 스타트업은 서비스 초기부터 수익모델에 대한 고민이 필요하다. 가치를 제공하고 수익으로 연결에 실패한 스타트업이 많았기 때문이다. 그러나 비즈니스 모델은 계속 진화하므로 프로덕트의 성장과 함께 가능한 수익모델을 찾아 적용하는 꾸준한 실험이 필요하다.

2. 현금 흐름 전환: 유출에서 유입으로

"수익으로 연결하는 첫걸음"
#우버코리아 #카카오T

네트워크 효과는 디지털 시대에 성장을 위한 최고의 방법이지만 비즈니스 모델을 보장하지는 않는다. 성장 및 참여 관점에서 성공을 증명할 수 있지만 수익화는 매우 어려울 수 있다. 따라서 사용자를 데려오고, 참여하게 만들기를 성공했다면 수익으로 연결할 때 진짜 성장을 결정하는 단계가 된다. 수익을 만들지 못한다면 네트워크 프로덕트는 현금이 빠져나가는 도구가 될 뿐이다.

앞서 네트워크 프로덕트를 시작하기 위해서는 마중물이 필요하고, 마중물을 위해서는 직접 현금 지급이 효과적임을 이야기한 바 있다. 사실 초기 프로덕트를 아무도 알아봐 주지 않을 때 사용할 방법으로 직접적인 금전 지급 방법은 여러 방법 중에 최고이다. 자극적이며 직접적인 혜택이므로 사용자가 즉각 반응한다. 하지만 이 방법은 분명한 한계점이 있다. 사용자들의 유입과 참여가 거래로 이어지지 않음에도 불구하고 계속적인 경품은 프로덕트의 초기 단계에서만 유용하기 때문이다. 따라서 프로덕트를 시장에 진입시키고 성장하도록 하는 숙제를 마쳤다면 자연스럽게 네트워크 프로덕트의 활성화가 수익화에 집중해야 한다.

우버 창업자들의 인터뷰에 의하면 우버의 초창기인 2016년도에는 1주일에 5,000만 달러를 승객 및 운전자에게 인센티브로 지급했다고 한다. 그 결과 10억 달러가 넘는 현금 손실을 기록했다. 따라서 자연스럽게 이후에는 수익화가 중요해졌다. 우버는 2010년 처음 론칭할 때 운전자에게 보조금을 지급했다. 운전자가 비수기에도 떠나지 않도록 동기부여 하기 위함이었다. 우버가 사용한 보조금 중의 하나는 운전기사에게 시간당 25달러를 보장한다는 것이다. 시간당 25달러를 벌지 못하는 만큼의 차액이 우버에는 손실이라는 뜻이다. 하지만 보조금을 지급하는 동안 우버 네트워크는 더 활성화되어 시간당 25달러를 벌거나 그에 가까운 운전자가 많아지게 된다. 우버는 손실의 폭이 줄어들게 되고 결국 보조금 없어도 운전자와 승객의 매칭이 가능한 상태에 도달한다. 즉 우버 네트워크의 활성화된 사용자들이 수익으로 연결될 수 있음을 뜻한다. 이런 네트워크의 수익화로 현금 유출에 몰려 있던 재무상태가 현금 유입과 균형을 이루면서 우버의 수익모델이 작동하기 시작한다.

우버가 미국에서 성공한 이후 2014년 10월 23일부터 서울에서도 우버택시 서비스를 시작했다. 우버는 이 서비스가 활성화될 때까지 미국에서와 같은 방식으로 기사들에게 2,000원의 유류 보조금을 지원하고, 승객들에게는 콜 수수료를 면제해 주기로 했다. 하지만 서울시와 국토교통부는 우버를 불법으로 규정하고 운행을 하지 못하게 했다. 한국에서도 같은 방식으로 보조금을 줄이면서 수수료를 받는 형태로 접근하였으나 실패하였다. 그렇다면 우버와 같은 접근을 한 카카오T는 어떻게 이를 돌파했을까? 카카오T는 출시 3개월 만에 누적 호출 수가 500만 건을 넘어섰지만 과다한 운영비가 필요한 상태였고 현금 유입 없는 현금 유출은 계속되었다. 우버처럼 택시 운전자로부터 수수료를 부과하는 게 어려워지자 수익을 수수료가 아니라 직접 택시회사를 운영하는 것으로 방향을 바꾸게 되었다. 카카오는 택시회사를 인수하여 거래 수수료가 아니라 택시 운전자를 직접 고용함으로써 택시 요금으로 수익화하였다.

참여자가 많아지면 택시 네트워크는 강해진다. 이렇게 되면 네트워크의 강함이 수익의 강함으로 연결된다. 이런 단계에 이르게 되면 개인화된 알고리즘을 기반으로 운전기사는 탑승 가능성 높은 근거리 승객을 제안받게 된다. 유튜브 같은 콘텐츠 창작자들의 경우에는 개인화된 알고리즘을 적용하여 클릭 가능성이 높은 시청자를 제안받아 시청 횟수와 시간이 늘어나게 되고, 자연스럽게 지급받는 액수도 늘어나게 된다. 이렇게 되면 프로덕트는 초기에 지급하던 보조금이나 프로모션 없이 네트워크가 성장할 수 있는 자체 힘이 생긴다. 활성화를 위해 지출했던 현금 유출을 멈추고 현금 유입의 방법을 찾는 것이 수익으로 연결하는 첫걸음이다.

3. 수익으로 연결하는 3가지

"전환율을 높이다"
#라인 #위버스 #유튜브_슈퍼땡스 #카카오페이지

인터넷 업계에서 가장 권위 있는 사상가 중 한 사람인 크리스 앤더슨 (Chris Anderson)은 그의 책 《FREE(프리)》를 통해서 "공짜 경제를 피할 수 없는 현실로 간주하고 이 시대에 살아남을 수 있는 창의적인 대안들을 마련하라"고 강조한다. 특히 기본적인 기능은 공짜 버전으로 제공하되, 일부 고급 기능을 유료화하여 수익을 내는 프리미엄(Freemium = Free + Premium) 모델의 중요성을 강조한다.

하지만 프리미엄 모델이 세계적인 권위자를 통해 제시되기 전 2000년대 초 한국에서는 이미 공짜 경제에 따른 부분 유료화 정책을 실행하고 있었다는 사실은 놀랍다. 넥슨의 카트라이더 같은 게임이나 싸이월드 미니홈피에서는 부분 유료화 또는 프리미엄 서비스라는 이름으로 플랫폼에 적용해 성과를 내고 있었다. 실제로 《FREE(프리)》에서는 한국에서의 게임 부분 유료화를 성공적인 사례로 제시하기도 했다. 비즈니스 모델 설계가 제대로 된 네트워크 프로덕트는 사용자의 활동이 수익으로 연결된다. 따라서 네트워크가 성장하면 전환율도 같이 상승한다. 네트워크에서의 핵심 활동에 해당하는 영역에서 수익모델이 만들어지기 때문이다.

2021년 유튜브는 크리에이터의 수익을 다양화하기 위한 방법으로 슈퍼 챗, 슈퍼 스티커에 이어 '슈퍼 땡스(Super Thanks!)'라는 기능을 전 세계 68개국에서 순차적으로 오픈하였다. 유튜브 '슈퍼 땡스'란, 영상 시청자가 크리에이터에게 감사의 의미로 'Thanks' 버튼을 눌러 구매하면 영상에 풍선이 날아가는 애니메이션이 보이고 후원한 금액이 표시된 상태로 댓글을 작성할 수 있는 유료 상품이다. 슈퍼 땡스는 아프리카TV에서 2007년에 개발한 수익모델인 '별풍선'과 똑같아서 국내 인터넷 사용자들에게는 익숙한 모델이라 할 것이다. 그렇다면 유튜브가 아프리카TV의 수익모델을 벤치마킹한 것일까? 정확히 언급된 바는 없으나 분명한 점은 유튜브와 아프리카TV의 수익모델은 모두 무료로 접근하고 프리미엄 서비스로 유도하는 방법이라는 점이다.

· 자연스러운 연결구조

프리미엄 서비스는 무료서비스가 활성화됨에 따라서 매출이 자연스럽게 같이 높아지는 구조로 설계된다. 이런 구조는 네트워크 프로덕트의 폭발적인 성장을 위한 조건이 된다. 수익모델이 없다면 서비스 사용자들은 많아져도 성장을 위한 인력과 IT 인프라로의 투자는 주저하게 되기 때문이다. 주체하기 힘든 빠른 성장은 기업에게 좋은 일이지만 비용만 늘어나게 된다면 반가울 리 없다. 따라서 본격적인 성장을 즐기려면 사용자 참여가 증가함에 따라 프리미엄 서비스로의 연결이 원활하게 이어져야 한다. 무료서비스와 프리미엄 서비스의 자연스러운 연결을 위해서 어떤 접근이 필요한지 다음 3가지 방법을 살펴보도록 하자.

무료로 접근, 프리미엄 서비스로 유도

이 방법은 앞서 설명처럼 2000년대부터 한국의 인터넷기업에서 훌륭하게 적용한 세계적인 접근법이다. 정보와 재미를 제공하거나 커뮤니케이션이 중심이 되는 프로덕트에서 주로 사용한다. 서비스에 대한 사용 몰입도가 높아질수록 프리미엄 서비스로의 전환이 자연스러워진다.

라인(LINE)은 디지털 상품을 수익모델로 만들었다. 서비스 사용은 무료이되 사용 중 부가적으로 필요한 메시지에 들어가는 이미지 스티커가 유료로 제공되는 프리미엄 서비스가 되었다. 메타버스 플랫폼 위버스도 가입 후 기본 사용은 무료지만 아티스트 구독은 유료 상품으로 사야 한다. 포트나이트(Fortnite) 게임에서는 아바타는 공짜로 사용할 수 있지만 스킨이라 불리는 패션 용품과 특정 댄스 동작을 할 수 있는 능력은 유료다. 카카오페이지는 이런 방식을 조금 다르게 적용했다. 콘텐츠를 바로 보고 싶으면 돈을 내야 하지만 1주일을 기다리면 1회차 이용권을 자동 충전해 주는 '기다리면 무료' 서비스가 그렇다. 카카오페이지는 이 서비스를 출시하자마자 매출이 한 달 만에 2배 이상 급등했다고 발표했다. 무료와 프리미엄 서비스를 창의적으로 접목한 덕분에 가입자와 거래액이 동시에 늘었고, 지금도 약 4,000여 개의 콘텐츠에 '기다무(기다리면 무료)'가 적용되고 있다. 무료로 접근한 사용자들을 자연스럽게 유료로 접근하도록 설계한 것이 핵심이다.

유료결제를 위한 무료서비스 제공

네트워크 프로덕트의 수익모델이 직접적인 유료서비스이지만 서비스 경험을 위해 무료서비스를 제공하는 경우도 있다. '구독서비스'에서 주로 사용한다. 프로덕트 생산에 추가비용이 들어가지 않는 디지털 콘텐츠 플랫폼이기 때문에 유리한 모델이다. 디지털 프로덕트의 한계 생산비용은 0에 가깝기 때문이다. 이때 무료서비스는 유료서비스를 위한 마케팅 수단이다. 넷플릭스의 경우 한 달간 무료로 시청할 수 있으나 이후에는 유료서비스로 자동전환 된다. 전통기업이 구독 가입자를 확보할 때도 같은 방식으로 접근한다. 무료로 제공되는《뉴욕타임스》뉴스를 위해서 가입을 하면 일정량의 기사를 무료로 볼 수 있다. 하지만 이후 유료 가입을 해야 기사를 볼 수 있다. 이런 방식으로《뉴욕타임스》는 2025년에는 전 세계 유료 가입자를 1,000만 명으로 전망한다.

프리미엄 서비스와 광고상품 복합

앞의 두 접근 방식이 일반 사용자에게 직접적인 구매를 유도하는 방식이었다면, '프리미엄 서비스와 광고상품'은 일반 사용자에게는 완전한 무료서비스를 제공하고 기업고객에게는 광고상품을 프리미엄 서비스로 제공한다. 개인 사용자들은 무료서비스를 사용하고 이들에게 접근하려는 기업에는 사용자의 나이, 성별과 성향에 맞춰 사용자를 매칭하는 광고상품을 제공한다. 이런 경우에는 규모의 경제를 이루기까지 수익 없이 성장해야 하는 단점이 있다. 그러나 규모의 경제를 넘어서는 임계점(Critical Mass)을 지나면서 서비스 활성화와 수익이 연결되어 폭발 성장의 조건을 갖추게 된다. 대표적인 예가 페이스북이다.

인스타그램, 페이스북, 와츠앱을 운영하는 페이스북은 사용자 데이터를 기반으로 타깃팅 광고상품을 판매한다. 사용자들은 무료로 서비스를 사용하지만 그 대가로 개인의 성향정보를 페이스북이 사용한다. 페이스북에서는 대기업부터 개인까지 누구나 돈을 내면 자신의 프로덕트를 광고할 수 있다. 이때 성별, 나이, 위치, 관심사 등의 설정을 통해 자신의 프로덕트를 구매할 만한 가입자를 타깃으로 설정하여 광고를 노출하게 된다. 페이스북 수익금의 98.5%(2019년 기준)가 이 같은 광고상품에서 나온다.

지역 중고거래 사이트인 당근마켓도 일반 사용자들은 별도의 수수료를 내지 않고 무료로 거래할 수 있다. 수익은 페이스북과 같은 타깃 광고에서 발생한다. 정확한 광고 수익은 발표하지 않았으나 닐슨코리아에 의하면 사이트를 통한 물품거래액이 약 1조 원(2020년 기준)일 정도로 서비스 사용이 활발하다. 이 정도의 거래가 활성화되어 있다면 광고상품은 물론 앞서 소개한 방식으로 수익모델 시도가 가능하다. 당근마켓은 광고 외에도 비즈니스 다각화와 새로운 수익모델 발굴을 중요한 과제로 생각하고 있다.

여기서 핵심은 프리미엄 서비스로의 전환율이다. 프로덕트가 참여, 바이럴, 수익화의 연결고리가 강할수록 프리미엄 서비스로 전환에 유리하다. 연결된 강력한 네트워크 프로덕트는 경쟁자가 등장하더라도 대체되는 현상을 두려워할 필요는 없다. 보이는 기능의 복제는 쉬울지 몰라도 보이지 않는 네트워크는 복제가 거의 불가능하기 때문이다.

4. 사용자의 경제학: 기업화되는 네트워크

"사용자를 성공시키는 계획"
#챗GPT #우버 #삼프로TV #들꽃잠

2024년 1월 인공지능 기업 오픈AI는 챗GPT 유료 가입자 대상 GPT 스토어를 공개했다. GPT 스토어는 기업, 개인이 오픈AI의 GPT 모델 기반으로 개발한 맞춤형 챗봇을 거래할 수 있는 플랫폼이다. 또한 오픈AI는 "1분기 내로 GPT 스토어 제작자를 위한 수익모델도 공개하겠다"고 밝혔다. 이는 과거 네이버가 카페와 블로그를 오픈하면서 단순 검색을 제공하는 프로덕트에서 네트워크 프로덕트로 발전한 것 같은 변화이다. 또한 유튜브가 사용자들에게 수익을 배분함으로써 유튜브 채널을 통해 월 수억 매출의 유튜버를 키웠던 것과 같은 성장 전략이다. 이제 인공지능 시대의 인기 프로덕트인 챗GPT가 네트워크 프로덕트로 발전함과 동시에 사용자 기업화를 시작한다.

프로덕트의 초기에 친밀한 관계를 맺었던 사용자는 성장이 시작되는 시점에는 든든한 후원자가 되고 성숙한 후에는 비즈니스 파트너가 된다. 성장한 기업은 특히 이 시점에서 사용자 만족을 넘어 그들이 기업화하도록 지원한다. 필자의 책《플랫폼 성장패턴에 올라타라》에서도 〈일하지 말고 일하게 하라〉라는 장에서 사용자를 확장하고 기업화하는 프로덕트 인터페이스에 대하여 설명한 바 있다. 애플이 아이폰에서 필요한 애플리케이션을 개발하기 위한 프로그램을 도입했듯이, 챗GPT도 추가적인 성장을 위해서 인터페이스를 만들고 사용자들의 힘을 활용하기 시작한 것이다. 기술적으로 API 사용이 쉽다 보니 자체 기술 없이 인공지능 서비스를 제공하는 AI 래퍼(Wrapper) 기업도 많아졌다. 자체 기술 없이 인공지능 서비스를 제공하는 회사들을 AI 래퍼라고 한다. 또한 서비스적으로는 GPT 스토어 출시를 통해 더 많은 사용자들이 챗GPT를 사용하도록 했다.

이처럼 네트워크를 활용하는 프로덕트는 외부와 협업하기 위한 디지털 접점인 인터페이스를 만들어 파트너들이 일할 수 있도록 하는 방식으로 성장한다. 프로덕트 사용자는 오픈 정책을 통해 새로운 프로덕트를 만들고 활동한다. 사용자들은 사용자를 넘어 사업화하려는 시도를 하게 되는데 프로덕트팀은 이를 지원함으로써 네트워크 전체가 재활성화하도록 만들 수 있다. 내부의 힘이 아니라 연결된 힘을 통해 수익화하는 것이다.

우버의 경우 파워드라이버는 전체 운전기사의 상위 15%이지만, 그들의 운행거리는 전체의 40%를 차지한다. 어린이부터 노년층까지 사용하는 유튜브의 경우는 어떠한가? 채널 인플루언서들의 시작은 개인이었지만 결국 수백만 시청자를 보유한 전문화된 채널로 규모를 확장하였으며 국내외를 막론하고 수백만의 팔로워를 보유한 인플루언서들은 벤처캐피털로부터 투자를 받아 마케팅과 판매 사업을 하고 있다.

· 사용자에서 기업으로, 파트너로

유튜브 채널 '삼프로TV_경제의신과함께'는 작은 규모로 경제 방송을 시작했지만 지금은 구독자 230만 명이 넘는 한국에서 가장 큰 경제 미디어 스타트업으로 자리매김하였다. 2023년도 현재 '삼프로TV'의 기업 가치는 3,000억 원으로[37] 2019년 투자를 유치할 당시 기업 가치가 200억 원이었는데, 약 3년 만에 15배 이상의 성장세를 기록한 셈이다. '삼프로TV'는 현재 유튜브 채널 슈카월드 운영사인 '슈카친구들'과 스타트업 전문 미디어 '아웃스탠딩', 출판사인 '페이지2북스' 등을 자회사로 두고 3protv.com이라는 별도의 사이트를 론칭했다. 삼프로TV를 운영하는 이브로드캐스팅은 2023년 매출액 281억 원, 영업이익 76억 원을 기록했다.

오프라인 중심의 중소기업도 같은 방법으로 성장을 도모할 수 있다. 건강제품을 제조하여 판매하는 '들꽃잠'은 2001년 설립 이후 오프라인 중심으로 판매 사업을 해왔지만, 코로나19를 기점으로 디지털 기업으로 변신했다. 변신의 큰 전환점은 비슷한 건강제품을 취급하는 기업과 연결이 되면서였다. 들꽃잠의 열렬한 팬이면서 '꽃피는 아침마을'이라는 쇼핑몰의 관계자는 들꽃잠을 자사 쇼핑몰에 연결했고, 지금까지 수

---

37 〈美 진출 나선 삼프로TV, 100억 추가 투자 유치〉,《서울경제》, 2022. 12. 04., https://www.sedaily.com/NewsView/26ERT9D8Q4

년 동안 파트너 관계를 유지하며 양사 모두에게 수익을 가져다주고 있다. 또 다른 연결은 인플루언서와 연계한 공동구매이다. 제품 애용자이면서 유명 인플루언서인 한의사 유튜브 '강남허준 박용환tv', 초등자녀를 키우는 주부의 인스타그램 '은복이네' 등 들꽃잠 브랜드 팬이면서 인플루언서인 사용자들과 공동구매로 수익을 공유했다. 그 결과 들꽃잠은 그동안 접근할 수 없었던 사용자에게 제품 판매를 할 수 있었고, 인플루언서는 그간 애용하던 제품을 팔로워들에게 소개했다. 결과적으로 들꽃잠과 인플루언서 모두 수익을 얻을 수 있었고, 협업을 원하는 인플루언서는 계속 증가 중이다.

핵심적인 사용자는 외부에서 합류하기도 한다. 애플의 앱스토어가 대표적이다. 앱스토어가 처음 문을 열었을 때는 내부 개발자들이 대부분이었으나 이후 애플 내부의 개발자보다 뛰어난 앱들을 외부 개발자들이 출시하였다. 애플의 iOS 앱 중 절반은 구글, 페이스북, 마이크로소프트 등 핵심적인 개발자들의 소규모 집단이 개발했다. 전문적인 20개의 앱에서 발생하는 트래픽이 전체 앱 다운로드의 15%를 차지한다. 닌텐도의 슈퍼 마리오 같은 대작 콘텐츠들도 독자적인 하드웨어에서만 제공하였지만 마침내 iOS 앱으로 확장하기도 했다.

이 같은 사실은 프로덕트에 참여하는 공급자와 소비자도 대규모의 기업이 될 수 있다는 것을 보여준다. 기업에 자금을 유치하는 일을 하는 벤처캐피털 투자사가 이런 형태의 기업을 인정하고 투자하고 있기 때문이다. 이러한 현상은 이제 네트워크 프로덕트가 개발적인 기업의 경영활동이 아니라 이와 연결된 투자자, 개발사, 마케팅 회사, 사용자와 같은 이해 관계자들이 상호작용 하는 경제가 되었다는 신호이다. 처음에는 프로덕트의 사용자이지만 이제는 기업의 형태로 발전한 사용자들이 또 다른 사용자들을 데려오고 그들이 떠나지 않도록 친밀한 커뮤니케이션으로 관리한다. 이처럼 거대 네트워크 프로덕트는 사용자 기업화로 성장한다. 따라서 네트워크 효과를 활용하는 프로덕트는 사용자의 기업화를 돕는 것이 성장 전략이 된다.

· 사용자의 기업화를 돕는 4가지 방법

그렇다면 프로덕트를 만드는 기업은 사용자의 기업화를 어떻게 도울까?

첫 번째 방법은 높은 수익 배분율과 인센티브이다. 수익 배분이 가능한 사용자가 내부 직원보다 열심히 일하는 이유는 자신들의 사업이기 때문이다. 더 많은 수익 배분율과 성장에 따른 인센티브 구조는 동기부여 조건이다. 둘째, 매출증대를 위한 데이터 제공이다. 수익 배분율과 인센티브는 좋은 동기부여 방법이지만 금액이 적으면 소용없다. 따라서 기업은 매출증대를 위해 매출증대에 필요한 데이터를 제공한다. 제공되는 데이터가 정교할수록 성과는 올라간다. 무신사는 2023년 10월 입점 브랜드들이 개별적으로 진행하는 페이스북, 인스타그램 광고에서 효율을 높이기 위한 목적으로 정밀한 타기팅 설계를 위한 내부 데이터를 공유했다. 입점 브랜드 일부를 대상으로 캠페인을 진행한 결과, ROAS(Return On Advertising Spend)가 최대 6배 이상 개선된 것을 확인[38]했다. 광고비 지출에 대한 매출 비율을 뜻하는 ROAS는 100% 이상 나

38　무신사 뉴스룸: 무신사, 데이터 공유했더니 입점 브랜드 매출 '껑충' 뛰었다.

타나면 광고비 지출 대비 매출이 크다는 것으로 마케팅 효과가 좋다는 의미이다. 무신사는 앞으로 더 많은 입점 브랜드에 자체 3,000만 건 이상의 리뷰, 좋아요 데이터를 제공할 계획을 가지고 있다. 셋째, 기업화 대상이 되는 사용자의 진입과 성장을 위한 교육이다. 이런 사용자는 많을수록 좋다. 그러기 위해 진입장벽을 낮추고 성장하는 사례를 만들도록 내부의 노하우, 성공한 사례를 공유한다. 넷째, 대규모 기업형 파트너 양성이다. 유튜브는 MCN(Multi Channel Network)[39]기업에게 일반 인플루언서보다 더 많은 수수료 혜택과 기업들에만 주어지는 유용한 기능을 제공하여 기업형으로 발전하도록 한다. 커머스플랫폼은 오픈 인터페이스를 통해 판매자를 양성하는 회사가 가능하도록 하고 SNS 플랫폼은 광고대행사에 특별한 기능 사용 접근권(Private API)과 판매권을 제공함으로써 기업들이 플랫폼에 참여하도록 돕는다.

이제 사용자들은 단순히 프로덕트를 사용하고 응원하는 팬으로 남는 것을 넘어, 좋아하는 프로덕트를 활용하여 마케팅, 판매, 교육 등 또 다른 수익 사업을 하고 있다. 따라서 네트워크 효과를 활용한 비즈니스에서는 이들의 사업화를 돕고 지속적인 수익이 발생하도록 기회를 제공하는 것이 바이럴을 통한 팬들 확보와 수익의 두 마리 토끼를 잡는 방법이다. 따라서 사용자의 기업화를 통한 수익화 성공은 다음 2가지 질문에 대한 답에서 찾을 수 있다. 어떻게 사용자를 기업화하게 할까? 어떻게 그들이 성공하도록 도울까?

---

39 개인 유튜버를 모집해 콘텐츠 사업을 하는 회사를 말한다. 유튜브(구글)는 이 회사들을 인증하여 광고비 정산 등을 대행하도록 심사하여 정식 파트너로 선정한다.

| 무신사는 자사 데이터를 공개하여 입점 브랜드의 메타 광고 성과를 높였다

5. 가치 기반 정책:
처음부터 돈을 받아도 된다

"진짜 가치를 만들다"

#프렌텍 #챌린저스

프로덕트가 비즈니스가 되기 위해서는 바이럴을 만들고, 참여를 통해 안착하며, 프리미엄 서비스로 연결하여 강력하고 지속 가능한 네트워크를 구축해야 한다. 사용자가 무료서비스를 사용하고 이후에 프리미엄 유료서비스로 전환하게 하는 방법은 충분히 검증이 되었으며 현재까지도 변함없이 작동한다. 그러나 이런 과정을 거치기 위해서는 일정한 사용자가 모이기까지 수익 없이 성장해야 하는 단점이 있다. 충분한 자금을 확보하지 못한 스타트업에 가치를 제공하면 수익은 따라온다는 조언은 현실과 멀다. 자금과 인력이 부족한 스타트업이 드롭박스, 인스타그램, 링크드인, 트위터, 구글의 스토리 방식을 그대로 따라 할 수는 없는 일이다.

넷플릭스의 경우 한 달간 무료로 시청할 수 있으나 지불 방법을 먼저 등록해야 가능하기 때문에 기간이 지나면 유료서비스로 자동전환 된다. 디즈니 플러스, 웨이브, 티빙도 같은 방법을 사용한다. 끝까지 무료를 제공하고 원하는 사용자에게 프리미엄 유료서비스를 제공하는 유튜브가 인기를 끌자, 넷플릭스도 월 5,500원에 '광고형 스탠다드' 상품을 출시했다. 프리미엄 상품이 월 17,000원, 스탠다드 상품이 월 13,000원인 것에 비해 가격이 50% 이하로 저렴하지만 여전히 유료이다. 이렇게 할 수 있는 이유는 사용자들에게 제안하는 프로덕트 가치가 높기 때문이다. 그러므로 처음부터 유료로 접근하도록 하려면 높은 가치를 만들어야 한다. 높은 가치를 만들고 있다면 처음부터 돈을 받을 수 있다.

웹3 SNS 소셜 프로토콜 프렌텍(Friend.tech)[40]은 2023년 8월 출시 이후 불과 두 달여 만에 2,000만 달러(약 270억 원)에 가까운 수익을 올린 것으로 확인됐다. 현재 속도로라면 프렌텍 개발팀은 연간 1억 8,000만 달러(약 2,428억 원)의 수익을 창출할 것으로 예상하기도 한다. 프렌텍에서는 이더리움으로 인플루언서 프로필 토큰을 구매하여 소통할 수 있는 권한을 가지며, 토큰을 다른 사용자에게 판매할 수도 있다. 인스타그램이 팔로워 기능을 무료로 하는 것과 달리, 프렌텍은 팔로워 권한을 유료로 구매하고 증권처럼 거래하도록 한 것이다. 프로필 사용자가 누구냐에 따라 토큰 가격은 상승 또는 하락한다. 프렌텍은 토큰 거래량의 약 10%를 수수료로 받고 그중 절반은 토큰을 거래한 사용자에게 분배하는 구조다. 프렌텍이 한낱 거품으로 끝날지, 아니면 지속적으로 성장할지 지켜봐야겠지만 처음부터 프렌텍은 사용자에게 높은 가치를 제공한다고 할 수 있다.

---

40 프렌텍은 트위터 계정을 연결하면 자신의 계정이 생성되는 소셜 기반의 탈중앙화 SNS 플랫폼이다.

건강 관리 앱 챌린저스[41]를 만들고 있는 ㈜화이트큐브의 최혁준 대표는 "처음부터 유료서비스를 제공하기로 마음먹었다면 '가격이 높으니 낮추자'보다는 '우리가 가격을 비싸게 책정해도 고객이 살만한 가치를 제공하자'로 해야 한다"고 주장한다. 그러면서 창업 전후의 생각을 담은 다음과 같은 글[42]을 올렸다.

> "진짜 가치를 만들어야 한다(가치를 만들고 있다고 스스로를 속이지 말아야 한다).
> 창업 전: 무료서비스 + 이후 BM 개발(Free-mium 모델)
> 창업 후: 유료서비스. 가치를 만들고 있다면 돈을 받아도 된다"

스타트업을 시작하기 전에 이론적으로 배웠던 방식과 실제 투자를 받고, 수입보다 더 많은 지출을 해야 하는 입장에서는 높은 가치로 처음부터 유료서비스를 해야 한다는 생각이 어쩌면 당연한 일이다. 그에 한 가지 더하자면 그 가치는 일시적이지 않고 지속적으로 유지돼야 한다. 지속적으로 유지하기 위해 구독 모델은 처음부터 돈을 받기 적합하다. 이를 성공적으로 도입하기 위해서는 다음의 3가지를 고려해야 한다.

첫째, 판매가 아니라 서비스로 접근해야 한다. 수익을 위해서는 신규 가입자를 늘리는 만큼 이탈자 감소가 중요하다. 단순히 판매로 끝나서는 안 된다. 프로덕트가 만족스럽지 않으면 사용자는 언제든 구독을 멈출 수 있다. 구독서비스가 얼마만큼의 가치를 사용자들에게 제공하는

---

41 챌린저스 앱은 돈을 걸고 도전하는 다양한 경쟁과 과제를 제공한다. 사용자들은 앱 내에서 돈을 걸고 다양한 도전과제를 설정하거나 참여할 수 있다. 이 앱은 도전과제를 통해 목표를 달성하면 보상을 받을 수 있는 방법을 제공한다.

42 https://www.facebook.com/hjhenrychoi

지가 구독의 연장과 중단을 결정하는 중요한 이유가 된다. 기존 프로덕트의 개선과 발전이 꾸준히 이어져야만 사용자들은 계속 구독자로 남는다. 음악서비스의 경우 정기결제 서비스에 포함되는 곡의 범위와 스트리밍 횟수가 중요하다. 또한 같이 제공되는 포인트나 결합상품이 어떤지에 따라 매력도에 영향을 준다. 프로덕트를 통해 직접 경험을 쌓으면서, 판매가 아니라 서비스적인 마인드로 접근하는 것이 구독서비스의 성공 요인이다.

둘째, 친밀한 사용자 관계에 초점을 맞춰야 한다. 먼저 세밀한 소수의 가망 사용자를 창출하는 것이 필요하다. 이때 더 많은 사용자가 아니라 더 적합한 사용자가 들어오게 하는 것이 중요하다. 그래서 구독 모델에서 관리해야 할 중요한 지표는 월간 유료 전환율, 연간 유료 전환율, 구독 이탈률 3가지가 된다. 제시한 3가지 지표에는 신규사용자가 빠져 있다. 이유는 신규사용자가 필요하지만 그보다 더 집중하고 정성을 기울일 대상은 기존 사용자이기 때문이다. 음악 프로덕트 벅스를 운영하던 당시 정기결제를 하는 유료 고객 유치를 위한 프로모션을 자주 진행했다. 그러나 다음 날 체류시간 3초 미만인 고객이 90%인 통계를 마주하는 당황스러운 일도 많았다. 구독의 성공은 '아무나 많이' 찾아온다고 이루어지지 않는다. 우리 프로덕트를 구독해 줄 '정확한' 사용자의 방문과 그들과의 친밀한 관계 형성, 그리고 이렇게 관계 맺은 핵심 사용자와 장기적인 관계가 필요하다.

셋째, 가치는 높게, 비용은 적게 들어야 한다. 일정한 금액으로 프로덕트를 이용할 수 있는 구독형 서비스는 소비자에게는 가격보다 가치가 높아야 하고, 기업에는 제공하는 가치의 가격보다 비용이 낮아야 한다. 가격과 비용을 정교하게 계산하지 않으면 기업은 어려움을 겪는다. 영화관 구독서비스인 무비패스는 월 9.95달러(약 12,000원)로 전국의 90%가 넘는 오프라인 극장 어디서나 영화 한 편씩을 볼 수 있도록 새로운 모델을 도입했다. 서비스에 열광한 사용자들 덕분에 300만 명이 넘는 유료회원을 얻었으나 극장에 지불해야 할 비용이 너무 많아 서비스를 중단해야만 했다. 반면에 월정액을 통한 무한 스트리밍으로 음악을 듣는 멜론 같은 디지털 프로덕트는 수익을 낸다. 사용자들은 일정 금액으로 모든 음악을 들을 수 있으니 만족감이 높고, 사업자는 듣는 횟수만큼 저작권료를 지급하지만 한 달 가격으로 1주일도 사용하지 않는 고객들도 있기에 지출되는 저작권과 서버 비용을 낮추게 된다. 구독 모델에서는 고객 제공 가치와 사업 비용 사이에 계산이 정확해야 한다.

오해하지 말아야 할 점은 론칭 후 바로 수익화를 시작한다고 해서 바이럴, 참여의 기술이 필요 없다는 뜻은 아니다. 오히려 바이럴, 참여, 수익화로 이어지는 순차적 접근 방식보다 치열하다. 처음부터 수익이 발생하여 현금의 유출 속도가 줄어들지만 이를 지속되게 하려면 바이럴, 참여, 수익화의 3가지가 동시에 진행돼야 한다. 처음부터 수익화에 성공하더라도 바이럴, 참여가 연결되어야 프로덕트의 성장이 가능하기 때문이다.

수익화는 시간이 지남에 따라 프로덕트를 성장하게 해주는 강력한 도구이다. 하지만 영원히 지속되지는 않는다. 청년 시절 같은 가파른 성장이 지나면 이제는 성장이 정체되는 현상들이 나타나게 된다. 성장한 프로덕트를 만들었기 때문에 초창기보다는 좋지 않을까 생각할지 몰라도 비즈니스 정체는 언제나 고통스럽다. 처음 비즈니스를 시작할 때의 팀원 간의 친밀함이나 사용자들로부터 듣던 환호와 격려는 사라지고 그 대신 비난과 불평이 많아진다. 이제는 하락의 두려움이 몰려온다. 그래도 언제나 돌파구는 존재한다. 다음 장에서는 이런 현상이 나타날 때 무엇이 필요한지 7장 〈확장: 시장의 한계를 넘어서〉를 통해 자세히 알아보도록 하겠다.

네트워크 효과 에센셜 6.

디지털 이코노미 5가지 기둥

#네트워크 #플랫폼 #API #크리에이터 #토큰

네트워크 효과와 관련된 비즈니스 모델을 살펴보면, 5가지 이코노미가 중복적으로 자주 언급된다. 이들은 고유한 특성을 가지고 있지만 공통적으로 네트워크 효과가 각 이코노미의 중심축에 있다. 이에 현재 경제 생태계에 큰 영향을 미치고 있는 네트워크 이코노미, 플랫폼 이코노미, API 이코노미, 크리에이터 이코노미, 토큰 이코노미의 개념을 간략히 살펴보도록 하자.

· 네트워크 이코노미(Network Effect Economy)

네트워크 이코노미(Network Effect Economy)는 프로덕트 또는 기술의 가치가 사용자 수의 증가와 함께 지수적으로 증가하는 경제 모델이다. 이 모델에서는 프로덕트를 사용하는 사용자가 늘어남에 따라 해당 프로덕트의 가치가 더욱 높아지고, 새로운 사용자가 지속적으로 유입된다. 네트워크 이코노미의 주요 특징은 기하급수적 가치 급증, 참여 증가, 락인 효과, 선점성, 다양한 산업 적용, 투자 매력도 증가이다.

플랫폼 이코노미(Platform Economy)

플랫폼 이코노미는 플랫폼 비즈니스 모델을 연구하고 분석하는 분야로, 네트워크 효과와 연관성이 높다. 플랫폼 이코노미는 디지털 플랫폼을 중심으로 한 경제 모델 및 이론을 나타내는 개념이다. 이 모델은 중앙의 디지털 플랫폼을 통해 상호연결 되고 경제 활동을 수행하는 것을 강조한다. 주요 특징으로는 플래폼 중심 비즈니스, 양면 시장 구조, 네트워크 효과, 다양한 비즈니스 모델, 혁신과 경쟁, 데이터 기반 의사결정, 파트와 개발자 생태계, 규제와 정책의 중요성이 있다.

· API 이코노미(API Economy)

API(Application Programming Interface)를 활용하여 다양한 애프로덕트가 상호 연동하고 협력하는 경제 생태계를 의미한다. API는 소프트웨어 애플리케이션 간에 정보를 공유하고 상호작용 하는 데 사용되는 인터페이스를 나타낸다. API 이코노미의 주요 특징으로는 디지털 생태계 구축, 개방성과 유연성, 수익화 기회의 다양화이다.

• 크리에이터 이코노미(Creator Economy)

크리에이터와 그들의 창작 활동을 중심으로 형성되고 발전하는 경제 모델이다. 이 모델은 디지털 기술과 플랫폼의 확대로 크리에이터들이 콘텐츠를 만들고 이를 공유, 판매, 라이선스 등으로 수익화하는 방식을 강조한다. 크리에이터 이코노미의 특징으로는 크리에이터 중심, 거대 플랫폼을 통한 활동, 다양한 수익 모델, 커뮤니티와 팬들, 창작 자유와 다양성, 경제적 기회 창출이다.

크리에이터 이코노미는 크리에이터들과 그들의 팬, 플랫폼, 광고주 및 기타 이해 관계자들 간의 상호작용을 강조하는 모델로, 디지털 시대에 크리에이터들의 역할과 중요성이 커지고 있다.

• 토큰 이코노미(Token Economy)

웹3에서 사용되는 토큰 이코노미(Token Economy)는 블록체인과 스마트 계약 기술을 기반으로 한 새로운 경제 모델이다. 이 모델은 암호화폐 토큰을 사용하여 다양한 디지털 자산, 프로덕트, 그리고 생태계를 관리하고 교환하는 경제 시스템을 구축한다. 토큰 이코노미의 특징은 디지털 토큰, 분산된 생태계, 자율성과 규칙의 프로그래밍화, 네트워크 효과의 증폭, 토큰 보상, 탈중앙화된 신뢰라고 할 수 있다.

토큰 이코노미는 네트워크 효과를 통해 사용자 증가를 촉진하며, 토큰의 가치와 생태계의 성장을 뒷받침하게 된다. 따라서 토큰 이코노미는 분산된, 자율적인, 네트워크 효과의 특징을 통해 디지털 경제의 중요한 구성요소로 부상하고 있다.

7장

(확장: 시장의 한계를 넘어서)

두 번째 성장을 만드는 9가지 강력한 방법

이번 장의 내용이 필요한 기업은 이제 더 이상 스타트업이 아니다. 막 시작한 스타트업에는 부러운 고민이겠지만 이 단계를 직면한 기업가와 구성원들의 어려움은 창업 초기보다 더 크다. 하지만 성장하는 기업은 모두 이 단계를 직면했고 또한 해결방법도 찾아냈다.

9가지 확장 전략

1. 위기를 넘어: 새로운 기회로 도약

"포화와 정체의 원인을 찾아라"
#프렌스터 #프리챌

성장이 멈춘 프로덕트의 조직은 고통스럽다. 네트워크 프로덕트 마지막 단계에서는 여러 가지 부정적인 현상들이 나타나기 때문이다. 이제는 사용자의 이탈, 스패머, 사기꾼, 비난하는 전문적인 사용자 집단, 지루해진 경험, 중립적인 정책에 대한 비난이 동시에 발생한다. 네트워크 프로덕트를 책임지는 부서는 그야말로 복잡한 일들을 감당해야 한다. 성장기를 지난 네트워크 프로덕트가 성숙단계에 들어와서 내외부적으로 순탄하지 못한 이유다.

프로덕트가 포화에 이르면 초기 사용자들의 비난과 떠나겠다는 통보도 받는다. 처음 이런 현상을 접할 때는 '우리가 무엇을 잘못한 것인가?' 하는 자책감과 후회에 휩싸이게 된다. 다행인 사실은 네트워크 프로덕트를 만드는 모든 팀이 만나게 되는 피할 수 없는 도전이라는 것이다. 프렌드스터(Friendster)는 2002년 등장했고, 2004년에는 페이스북이 등장했다. 중요한 건 페이스북과 프렌드스터 모두 한계가 찾아왔고, 이를 해결해야 했다. 마크 저커버그는 포화를 맞이했던 시절을 이렇게 회상한다.

"회원 수가 9,000만 명 정도가 되자 성장이 멈추었다. 사람들이 당시에 1억 명이 넘을 수 있을지 확신하지 못하겠다고 했던 기억도 난다. 우리는 기본적으로 벽에 부딪혔고, 거기에 집중해야 했다"

이런 문제들은 페이스북 같은 B2C 기업뿐 아니라 기업용 프로덕트(SaaS: Software as as Service)를 제공하는 B2B에도 역시 나타난다. 결국 얼리어답터를 타깃으로 출시한 프로덕트의 초창기 시장은 포화하기 때문이다. 프로덕트의 겉모양은 그대로이지만 네트워크가 서서히 붕괴된다. 네트워크가 붕괴되면 프로덕트의 의미가 사라지기 때문에 붕괴 방지를 위해서는 적합한 대처 방법이 필요하다.

거대 네트워크의 붕괴

| 네트워크의 붕괴 과정.
출처: Friendster 붕괴 사례[42]

---

43 Social Resiliencein Online Communities: The Autopsy of Friendster. (https://arxiv.org/pdf/1302.6109v1.pdf)

· 포화를 맞이한 이유

포화 상태를 적절하게 다루기 위해서는 먼저 네트워크 프로덕트가 포화를 맞이하게 된 이유를 알아야 한다. 이유는 각각 다르다. 또한 해결책도 각각 다르다. 네트워크 프로덕트가 포화를 맞이하게 되는 이유는 무엇이 있을까? 우선 그 이유는 3가지 측면이 있다.

첫째, 프로덕트의 특성 때문이다. 이 현상은 시장포화가 아니라 네트워크 포화의 관점에서 바라보아야 한다. 일반적인 프로덕트의 시장포화를 측정할 때 인구통계 기준의 침투율, 경쟁시장 대비 점유율, 타깃 고객의 객단가를 떠올린다. 하지만 네트워크 프로덕트의 포화는 연결의 밀도와 효율성이다. 네트워크 포화에 대하여 벤처 투자자인 앤드루 첸은 다음과 같이 정의했다.

> "프로덕트 참가자에 대한 100번째 연결은 처음 몇 개의 연결보다 영향력이 떨어진다. 그리고 네트워크의 밀도는 높아져 해당 네트워크의 효과는 점차적으로 떨어진다. 즉, 같은 현상이 일어나도 초기와는 다른 효과가 나타나게 되고 이는 실행하는 방향을 바꾸어야 함을 뜻한다"

둘째, 마케팅 효과의 질적인 하락 때문이다. 시간이 흐르면 같은 비용을 집행하면서도 효과가 떨어진다. 동일한 이메일과 푸시 메시지가 이제는 더 이상 신선하지 않으며 이를 지루하게 느낀다. 지루함이 계속되면 스팸이 된다. 성장 초기 내가 올린 댓글에 대한 알림 때문에 자다가도 깨어나서 확인하기도 하지만, 이제는 몇 시간, 또는 며칠이 지난 후에야 확인한다. 네트워크 프로덕트가 이처럼 지루해진 채널에 의존하고 있다면 점점 느려지는 속도를 반등시키기는 어렵다.

셋째, 사용 경험의 하락 때문이다. 네트워크 프로덕트의 사용 경험은 사용자가 계속해서 유입됨에 따라 새로운 경험을 제공한다. 기능이 업데이트되지 않았는데도 불구하고 만날 수 있는 사람은 계속 달라진다. 따라서 여전히 프로덕트에 매력을 느끼게 된다. 반면 포화 상태에서는 더 이상 새로운 사용자가 유입되지 않기 때문에 새로운 경험을 기대하기 어려워진다. 또한 그와 함께 많아진 콘텐츠를 찾는 검색 과정은 복잡하고 어려워진다. 프로덕트를 사용하는 경험 측면에서는 만족도가 계속 떨어지게 되면 사용자들이 떠나기 시작하게 된다. 더 작은 규모의 프로덕트가 오히려 새로운 경험을 주기 때문이다.

프로덕트가 포화를 맞으면 모두 막막한 상황이지만 정체의 원인을 찾으면 돌파구는 있다. 일반 프로덕트가 정체될 때 고객과 프로덕트 축으로 분석하여 포화를 돌파하는 반면, 네트워크 프로덕트는 고객과 네트워크를 구성하는 밀도와 효율성을 기준으로 접근한다. 각기 방법에 대해서는 앞으로 계속 살펴볼 것이다. 물론 따라 하기만 하면 효과가 나오는 만병통치약이 아님은 분명하다. 다만 대부분 성공한 네트워크 프로덕트가 말하는 공통적인 방법이다. 또한 막막한 정체 상태를 돌파하게 해주었던 방법들임에는 틀림없다.

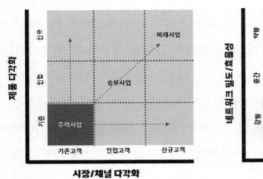

일반 제품의 성장 매트릭스

제품 다각화 — 신규 / 인접 / 기존

미래사업

승부사업

주력사업

기존고객　인접고객　신규고객

시장/채널 다각화

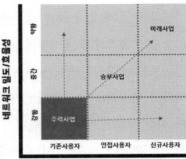

네트워크 제품의 성장 매트릭스

네트워크 임계점 유발력 — 상승 / 중간 / 정착

미래사업

승부사업

주력사업

기존사용자　인접사용자　신규사용자

시장/사용자 다각화

| 일반 프로덕트와 네트워크 프로덕트의 성장 전략 비교

2. 기존 고객:
그러나 새로운 경험

"새로운 경험을 제공하다"
#싸이월드 #이베이 #아프리카TV

　프로덕트가 성장을 멈추면 특별한 미션을 수행하는 TF팀(Task Force Team)이 필요하다. 더 이상 성장하지 않더라도, 일상적인 운영 이슈들은 여전히 발생한다. 성장을 멈춘 프로덕트의 경우 운영 업무는 더 증가하는 경향이 있다. 일상적인 운영 업무와 함께 새로운 미션을 동시에 수행하는 것은 현실적으로 불가능하다. 하지만 이때 주의할 점은 새로운 미션에만 집중한다고 해서 새로운 사용자를 찾아야 한다는 뜻은 아니다. 포화 상태에 이른 프로덕트는 기존 사용자 기반이 중요하다. 새로운 사용자보다는 기존 사용자를 만족시키고 그들의 요구에 부응하는 방법이 더 효과적이다.

　국내 네트워크 프로덕트의 원조라고 할 수 있는 싸이월드의 경우 10년간의 성장 기간 중 몇 번의 정체와 돌파를 했다. 2003년 이후 2, 3년간 끝없이 성장하다가 첫 번째로 매출 정체가 왔다. 미니홈피 사용 인구의 대부분이 음악과 스킨을 사용하는 시점에 와서는 급격하게 오르던 매출이 정체되었다. 집중했던 프로젝트는 미니홈피 디지털 아이템의 확장이었다. 기존 사용자들을 즐겁게 할 수 있는 새로운 유료 디지털 상품인 온라인 폰트, 대문 아이템, 메뉴 꾸미기 등이 폭발적인 반응을 보이면서 출시 후 매출의 30%가 증가했다. 기존 사용자에게 새로운 경험을 제공한 것이 돌파구가 되었다. 이러한 접근 방식은 10년 후 카카오톡에서도 동일하게 적용되었다. 모바일 메신저가 정체를 맞이하자 카카오톡은 선물하기, 유료 아이템, 쇼핑, 게임 등의 새로운 경험을 더하며 성장 정체를 돌파했다.

경매 플랫폼 이베이의 경우 포화 상태를 맞은 후 역시 마찬가지로 이를 돌파할 방안이 필요했다. 이베이는 판매자와 구매자가 적합한 가격을 흥정하여 합의가 이루어지면 거래가 성사되는 경매 플랫폼이었다. 이베이는 2가지 방법을 통해서 돌파했다. 그것은 바로구매 상품 추가와 페이팔 통합이었다. 먼저 실행한 방법은 경매에 참여하고 낙찰을 기다리는 대신 '바로구매(Buy It Now)' 옵션으로 즉시 구매하는 방식이었다. 이 옵션을 사용하면 해당 상품을 즉시 구매할 수 있다. 다른 구매 방법과 달리 경매에 참여하지 않고 구매한다. 기존 사용자들은 이베이에서 경매를 하는 방식 이외에 일반 쇼핑몰처럼 정해진 가격에 즉시 구매할 수 있는 활동을 할 수 있게 된다. 사용자들은 이베이에서 익숙한 거래를 하면서도 새로운 경험을 할 수 있게 되었다. 이것은 기존 사용자들이 가장 많이 사용하는 상품의 핵심적인 기능을 개선하여 거래 경험이 향상되도록 한다. 이베이에게 바로구매는 새로운 성장을 만들어 주었다.

또 한 가지 이베이가 시도한 기존 사용자 경험 확장은 페이팔과의 자연스러운 통합이었다. 2002년 이베이(eBay)는 페이팔(Paypal)을 15억 달러(약 1.5조 원)에 인수하였다. 페이팔은 구매자와 판매자의 중간에서 중계를 해주는 일종의 에스크로 서비스이다. 구매자가 페이팔에 돈을 지불하고 페이팔이 그 돈을 판매자에게 지불하는 형식이다. 이런 페이팔의 결제 방식은 서로 신용카드 번호나 계좌 번호를 알리지 않고 거래할 수 있기 때문에 보안상 각광받았으며 이베이의 비즈니스와도 연계점이 많았다. 이베이는 결제 시스템의 확장이 아니라 사용자 결제 편의성[44]을 위해 페이팔을 연동하였다. 예를 들어 페이팔의 빠른 결제 기능을 이베이에서 지원함으로 구매자는 페이팔 계정에 저장된 정보를 사용하여 신속하게 결제를 완료할 수 있도록 했다. 이런 접근은 이베이 사용자에게 큰 호응을 받았다. 그 결과로 정체된 상태를 넘어 이베이는 미국만을 대상으로 하던 사업을 해외로 확장하였다. 동시에 결제 사업까지 확장되어 성장 정체를 막을 수 있었다. 이베이가 기존 사용자를 대상으로 결제 기능을 혁신한 사례는 20년이 지난 후 한국에서는 쿠팡이 벤치마킹하여 '원터치 결제' 서비스로 이어졌고 역시 사용자들의 큰 호응을 얻은 바 있다.

아프리카TV 역시 기존 사용자를 대상으로 별풍선 금액별 리액션 효

---

44 페이팔의 이베이에서의 연동 사례는 다음과 같다.
- 페이팔 자동 결제: eBay에서 페이팔을 사용하면 페이팔 자동 결제를 설정할 수 있다. 이 기능을 활성화하면 구매자가 일일이 결제를 완료해야 하는 번거로움을 줄일 수 있다.
- 쇼핑 카트 통합: eBay는 페이팔을 사용하여 쇼핑 카트에 상품을 담고 한 번에 결제할 수 있는 기능을 제공한다. 이를 통해 구매자는 여러 개의 상품을 선택한 후 페이팔로 한 번의 결제를 할 수 있어 편리하다.
- 페이팔 빠른 결제: eBay는 페이팔의 '빠른 결제' 기능을 지원한다. 이를 통해 구매자는 페이팔 계정에 저장된 결제 정보를 사용하여 번거로운 결제 프로세스 없이 원활한 결제를 도와준다.

과, 채팅창에서의 하이라이트 아이템 등을 선보이며 매출 정체를 돌파했다. 우버는 정체를 맞이하여 새로운 상품인 카풀과 음식배달을 결합했다. 결과적으로 기존의 사업이 확장되면서 느려지는 성장에 새로운 활력을 불어주어 성장을 돌파하는 계기를 만들어 주었다.

프로덕트가 포화 상태에 도달하면, 기존 사용자를 유지하면서 새로운 사용자 유치를 위해 새로운 프로덕트를 준비할 수 있다. 그러나 네트워크 프로덕트의 관점에서 기존 사용자에게 새로운 경험 제공은 검증된 법칙이다. 싸이월드의 경우 새로운 유료 상품이었고, 이베이의 경우에는 즉시구매, 아프리카TV의 경우 리액션 아이템, 우버의 경우 카풀과 음식배달이었다. 기존 사용자에게 새로운 경험 제공은 비즈니스의 종류나 국내외를 막론하고 포화 상태를 돌파할 수 있는 검증된 방법이다.

3. 포맷의 혁신: 네트워크에 새 옷을

"불편을 해소해 준다는 확신"
#미래에셋증권 #네이버라이브방송

새로운 포맷 전략은 '기존 고객: 그러나 새로운 경험' 전략의 발전이다. 프로덕트 사용자들이 동일한 네트워크에서 상호작용을 늘려주도록 하는 목적은 같지만, 조금 더 발전된 새로운 포맷을 추가하는 것이다. 기존 고객에게 새로운 경험을 주는 전략이 소극적이라면 새로운 포맷은 적극적이다. 이 전략은 프로덕트를 운영하면서 기존 사용자들에게 필요한 활동이라는 강한 확신이 있을 때 사용한다. 인력과 예산이 더 많이 필요하지만, 새로운 포맷을 추가함으로 더 적극적인 참여를 기대할 수 있다.

네이버 쇼핑의 라이브 방송은 스마트 스토어의 새로운 포맷이다. 새로운 포맷의 도입은 기존 판매자들의 판매 방식을 다양화하면서 사용자들의 사용량도 늘릴 수 있다. 상품의 성격에 따라 스마트 스토어는 비동시적인 구매에 어울리고, 라이브 방송은 동시적 활동에 어울린다. 각기 다른 용도로 사용할 수 있지만 라이브 방송의 구매 페이지는 셀러가 운영하는 스마트 스토어로 연결된다. 여기서 '라이브 방송'은 스마트 스토어 사용자들에게 또 다른 판매 활동을 가능하게 해주는 '새로운 포맷'이다.

미래에셋증권은 2022년 6월 모바일 주식거래 앱을 통합해 'M-STOCK' 정식 서비스를 시작했다. 이는 그간 국내주식, 해외주식, 연금의 3가지 기능으로 앱을 운영하던 방식을 원앱(OneAPP)으로 통합한다. 이 경우 앱 통합의 의도는 효율적인 운영, 앱의 접근 편의성이지만, 네트워크 프로덕트 관점에서 본다면 여러 개로 나누어져 있던 다른 네트워크를 합쳐 사용자의 상호작용을 증가하는 것이다. 앱 통합 전 사용자 활동은 다음과 같다.

국내투자

해외투자

연금투자

그러나 통합 후 사용자 활동은 다음과 같다.

국내투자

해외투자

연금투자

국내투자 + 해외투자

국내투자 + 연금투자

해외투자 + 연금투자

국내투자 + 해외투자 + 연금투자

3가지로 분리되어 각각 기능에 따라 사용자 활동이 있었다면 통합 후에는 기존 3개의 활동 외에 4가지 사용자 활동이 추가로 생기게 되면서 네트워크에서의 활동성이 증가한다. 운영 편리성과 비용 절감을 위한 앱 통합은 성장을 가져오지 못하고 오히려 줄어드는 경우도 있지만, 미래에셋증권의 경우 활동성을 증가시켰다. 국내투자를 하면서 해외투자를 하는 사용자가 점차 증가했던 국내투자 환경의 변화가 원인일 수 있다.

또한 국내투자, 해외투자에만 집중되던 사용자들이 연금투자라는 새로운 투자에 대해서 자연스럽게 접근할 기회가 생긴 것도 이유일 것이다. 즉, 새로운 포맷을 제시할 경우에는 기존 사용자들의 불편함을 해소해 준다는 확신이 있기 때문이다. 데이터 분석 업체 모바일인덱스에 따르면[45] 2022년 말 기준으로 미래에셋증권의 'M-STOCK'은 월간활성이용자수(MAU)가 192만 3,419명으로 집계되었으며, 2023년 말에는 292만 명으로 전년 대비 67% 증가한 것으로 나타났다.

미래에셋증권 앱 통합은 활동성 증가를 넘어 사용자 증가로 이어진 계기가 되었다. 이 경우 프로덕트 혁신을 위해 비용과 시간 모두 투자가 필요한 일이다. 하지만 프로덕트에 새로운 포맷을 제공함으로써 디지털 비즈니스 정체를 돌파하는 결정이었다.

---

45 〈삼성증권 MTS '엠팝' 점유율 1위…2위는 KB증권 · 3위 미래에셋〉, 《오피니언뉴스》, 2023. 04. 13., https://www.opinionnews.co.kr/news/articleView.html?idxno=83095

4. 미개척 시장:
인접 사용자로 확장하기

"가능성이 높은 주변 사용자에게 접근하다"
#인스타그램_로그아웃 #마스_도그푸딩

앞서 살펴본 '기존 고객에게 새로운 경험 전략'과 '새로운 포맷 전략'은 기존 사용자들을 대상으로 하는 전략이다. 2가지 방법 모두 프로덕트가 포화된 사실을 직감했을 때 가장 먼저 해야 할 선택지이지만 분명 한계는 있다. 돌파를 위해서 새로운 사용자를 찾아 나서야 하는 시간이다. 이때 유용하게 활용할 수 있는 전략이 바로 '인접 사용자 이론'이다. 이 방법은 인스타그램이 정체를 돌파하는 과정에서 사용한 방법으로 '인접 사용자 이론(The Adjacent User Theory)'[46]이라고 이름 붙이면서 전 세계적으로 유명해졌다.

인접 사용자 이론은 핵심 사용자로 구성된 네트워크에 초점을 맞추는 대신, 프로덕트 사용 경험이 없는 주변의 사용자에게 접근하는 방법이

---

46 인접 사용자 이론(https://andrewchen.com/the-adjacent-user-theory/)

다. 뱅갈리 카바(Bangaly Kaba)가 인스타그램 근무 당시 프로덕트 사용자를 4억 명에서 10억 명까지 규모를 키우면서 경험한 내용이다. 하지만 전 세계의 프로덕트 담당자들은 '인접 사용자 이론'이 소개되기 전에 이미 같은 방법으로 고민하고 실행하고 있는 방법일 수도 있다. 다만 인스타그램 성장을 통하여 검증하였기 때문에 정체 돌파를 모색하는 팀이 참고할 좋은 방법 중의 하나이다. 인접 사용자 이론은 인스타그램의 성장을 이끈 이론으로 유명하지만, 막상 나의 사업에 적용하는 면에서는 깊은 연구가 필요하다. 따라서 이 유명한 이론을 어떻게 나의 일이 되도록 할까라는 목적을 가지고 이후의 내용을 살펴보도록 하자.

· 실천을 위한 4단계

우선 인접 사용자(Adjacent User)를 정의해 보자. 인접 사용자란 해당 프로덕트를 알고 있고, 사용까지 시도했지만, 활발한 사용자까지는 도달하지 못한 사용자를 말한다. 이렇게 인접 사용자가 된 이유는 그들이 활발한 사용자가 되기까지 프로덕트 포지셔닝이나 사용자 경험 설계에 많은 장벽들이 있기 때문이라고 가정한다. 인접 사용자 이론은 다음과 4가지 질문으로 시작한다.

> 누가 인접 사용자인가? (정의)
>
> 왜 그 인접 사용자 그룹은 프로덕트 사용에 어려움을 겪는가? (공감)
>
> 어떻게 어려움을 해소할 수 있는가? (문제 해결)
>
> 인접 사용자는 변하는가? (반복검증)

인접 사용자 이론의 실행은 단순하다. 위의 4가지 질문을 반복적으로 정의하고 해결 방안을 찾아 적용하는 방법이다. 인접 사용자 이론이 인스타그램 같은 초고속 성장 모델에만 어울리는 방법은 아니다. 다양한 프로덕트에서 이러한 접근을 통해 매우 효과적인 결과를 얻었다고 알려져 있다. 다음은 인접 사용자 이론을 성공적으로 적용하기 위한 4가지 단계이다.

누가 인접 사용자인가? (정의)

프로덕트에 대한 인접 사용자를 찾기 위해선, 현재 그 프로덕트가 성공하고 있는 사용자 집단이 누구이고 그 이유가 무엇인지 알아야 한다. 왜냐하면 인접 사용자들은 비슷한 속성을 가지고 있지만 어떤 측면에서건 하나 또는 하나 이상의 다른 속성을 가지고 있다. 이러한 속성들이 바로 인접 사용자들을 구분하고 정의할 수 있는 지표가 될 수 있기 때문이다. 예를 들어, 핵심 사용자는 여성, 도시거주자, 자녀가 1명, 부유하며 가격 민감도가 낮음 같은 특징을 가질 수 있다. 이런 특징들은 데이터를 통해서 알 수도 있고 고객들과의 대화를 통해 알아낸 사실도 있다. 또한 추론이기도 하다. 참여한 사용자와 그 이유를 알면 누가 인접 사용자인지에 대한 가설을 세울 수 있다. 여기에 팀이 정의한 특징적인 내용을 수정하거나 삽입하는 작업을 한다.

이때 데이터는 직관적으로 도출하는 것을 추천한다. 인접 사용자가 누군지 알기 위해서 사용자들과 대화하는 데 몇 주씩 보낼 필요는 없다. 데이터를 보고 현재 사용자들의 경계에서 어떤 일들이 벌어지는지를 관찰해 보라. 이 데이터들은 사용자들이 어떤 지점에서 떨어져 나가는지 인지하는 데 도움을 줄 수 있다. 다양한 사용자 분류들이 왜 떨어저 나가는지에 대한 가설을 세우는 출발점이다. 그렇다면 인스타그램이 정체를 맞이했을 때 인접 사용자는 누구였을까? 인스타그램 성장팀은 페이스북 활동은 열심히 하지만 인스타그램의 활동은 소홀히 하고 있는 미국의 35~45세 여성으로 정의했다.

인접 사용자인 이유는 무엇인가? (공감)

인접 사용자들이 누군지 알았다면, 이제 그들이 왜 어려움을 겪는지 알아야만 한다. 그러기 위해선, 인접 사용자들에 대한 공감력을 키워야 한다. 일반적으로 한번 성공한 프로덕트의 내부 운영자들은 인접 사용자들에 대한 공감력을 키우기가 어렵다. 이유 또한 단순하다. 내부 운영팀은 프로덕트에 대해 잘 알고 있기 때문이다. 하지만 어려움을 공감하는 태도는 돌파를 위해서 중요하다.

사용자 공감을 위한 방법으로 도그푸딩(Dogfooding)이 있다. 이는 애완견 사료 제조업체인 마스(Mars)의 경영진이 실제로 자기들이 생산하는 개 사료를 직접 먹은 사건에서 유래되었다. 도그푸딩이란 '개 사료를 먹으라'는 뜻으로 자사의 프로덕트를 직원들이 직접 사용해 보고 개선시키는 방법을 일컫는 말이다. 도그푸딩을 네트워크 프로덕트에서 적용해 보자! 실제 사용자들의 입장에서 사용해 보고 겪게 되는 문제가 무엇인지 직접 경험하는 것이다.

어떻게 해결할 것인가? (문제 해결)

인스타그램은 인접 사용자를 '페이스북 활동은 열심히 하지만 인스타그램은 하지 않는 35~45세 여성'으로 정의한 이후 이들을 끌어오기 위해 무엇을 했을까? 인스타그램은 이를 위해 페이스북 프로필과의 연결을 이용한 알고리즘 추천 기능을 개발했다. 그래야만 친구와 가족의 추천 목록에 인스타그램 친구를 뜨게 할 수 있기 때문이었다. 정의한 인접 사용자에게 맞는 해결방법을 도출하고 이를 실행했다.

　인접 사용자의 요구사항을 해결하기 위해서 인접 사용자를 탐색하다 보면 가능성이 있는 매우 다양한 부류들을 발견할 수도 있다. 하지만, 문제 있는 부류를 발견한다고 해서 꼭 해결하지 않아도 된다. 이상하게 들릴 수도 있지만 실제로 그렇다. 때로는 문제점을 발견했지만 해결하지 않음으로써 새로운 기회가 되기도 한다. 인스타그램의 로그인 이탈 문제를 발견하고 방치한 사례를 살펴보자.

　인스타그램은 로그인하는 데 문제가 있어 이탈하는 사람들이 많은 로그인 이탈 문제를 발견하였지만, 오히려 피드에 포스트들이 늘어나는 통계를 확인했다. 처음엔 그 이유를 몰랐지만 결국 사람들이 재로그인하기 위해 두 번째, 세 번째 계정들을 만들었다는 사실을 발견했다. 하나의 계정은 공개용이었고 다른 하나는 친구들을 위한 비공개 계정이었다. 여기서 나온 질문은, 여러 계정을 더 쉽게 만들고 탐색할 수 있도록 의도적으로 수정해야 하는가? 의미가 있는가? 프로덕트의 전략적 방향과 일치하는가? 였다. 인스타그램팀은 로그인 이탈 문제를 해결하지 않았다. 결국 사용자가 두 번째 계정을 위해 다시 로그인하는 행동은 인스타그램의 활동성을 강화하는 활동이 되었다.

　인접 사용 이론을 적용할 때는 우선순위를 어떻게 정할 것인지 생각해 보아야 한다. 가설을 세우다 보면 인접 사용자와 해결 방안이 여러 개일 수 있다. 이럴 때는 사용 의도를 강하게 보여주고 있지만 그 행동을 완료하는 데 어려움을 겪고 있는 인접 고객을 선택하는 것이 좋다. 이러한 문제를 해결하면 좀 더 빠르게 효과를 얻을 수 있다. 그래서 프로덕트의 경우 해결에 대한 우선순위를 생각하는 방식은 다음과 같다.

> 먼저, 추가 수익을 창출할 수 있는 기존 사용자들을 위한 문제를 해결한다.
>
> 둘째, 간접적인 방법으로 부가가치를 창출할 수 있는 사용자 문제를 해결한다. 수익성이 부족하지만, 바이럴 홍보가 가능한 사용자들이다.
>
> 셋째, 새로운 인접 사용자 문제를 해결한다. 기존 사용자 집단에 들어 있지 않지만 여전히 기존 사용자들과 어떤 특성을 공유하는 사람들이다.

인접 사용자는 변하는가? (반복검증)

인접 사용자는 프로덕트 주기에 따라 달라진다. 따라서 실험이나 연구결과를 통해 분기별로 인접 사용자에 대한 정의를 재평가해야 한다. 예를 들어 초기 뱅갈리 카바가 정의한 인스타그램의 인접 사용자는 페이스북 계정이 있지만 인스타그램의 가치를 알지 못하는 35~45세의 미국 여성이었다고 소개한 바 있다. 하지만 그가 인스타그램을 떠날 때 인접 사용자 정의는 변하였다. '선불 요금제를 사용하는 구형 3G 안드로이드 폰을 사용하는 자카르타 여성'으로 바뀌었다는 점은 재미있다.

프로덕트가 포화 상태를 돌파하려면 궁극적으로는 사용자가 늘어나야 한다. 그중에서 노력 대비 성공 확률이 높은 집단이 인접 사용자이다. 성장의 첫 단계에서 빠른 성장은 본질적으로 해당 분류의 사용자 포화와 성장의 감소로 이어진다. 스타트업에는 분명 부러워할 만한 현상이지만, 해결점을 찾는 일은 어렵다. 그럼에도 불구하고 정체를 돌파할 수 있는 통찰과 지혜는 적절한 인접 사용자 그룹에서 나온다. 모든 사람을 위해 모든 문제를 해결하려 하면 많은 문제에 빠진다. 이런 위험을 피하고 싶다면 인접 사용자 이론을 적용해 보라. 프로덕트 성장을 지속할 수 있는 원동력을 얻을 수 있을 것이다.

5. 지역확장:
영토의 범위를 넓히다

"인프라 먼저 그리고 다른 지역"

#제클린

한 지역을 중심으로 성공한 프로덕트는 지역확장이 필요하다. 이는 지역을 기반으로 하는 당근마켓이나 배달의민족 같은 프로덕트에만 해당하는 것은 아니다. 카카오톡, 페이스북 같은 일반적인 프로덕트에서도 뚜렷하게 찾아볼 수 있다. 프로덕트를 성장시키기 위해 지역을 확장하는 것은 성장을 지속하는 방법 중의 하나이다. 이 방법은 온라인만을 위한 디지털 프로덕트의 경우 더 용이하다. 반면 오프라인과 온라인 활동이 동시에 필요한 경우에는 지역마다 새로운 창업을 하는 것과 같다. 오프라인에 필요한 배송, 지역 영업소처럼 해당 지역에 필요한 인프라가 있기 때문이다. 그럼에도 불구하고 지역확장은 포화를 맞이한 프로덕트의 성장 방법이다.

· 지역확장의 기반, 내부 인프라

　제주지역을 기반으로 한 스타트업 제클린(JeCLEAN)의 사례를 살펴보자. 제클린은 펜션 침구 세탁이라는 업종으로 2016년 창업한 스타트업이다. 지금은 숙소에서 버려지는 침구에서 새로운 자원을 재생하고자 하는 친환경 재생, 프로덕트 공급의 영역으로 확장한 섬유 자원 순환 테크 기업으로 발전했다. 제클린은 창업 당시 제주 북쪽 지역인 화북동이 기반이었다. 그러나 성장하면서 지역적인 한계를 맞는다. 비즈니스 방식이 직접 찾아가서 수거하고 다시 배송하는 방식이기 때문이다. 확장이 필요한 상황이었다. 제클린이 지역확장의 필요성을 느끼고 먼저 한 일은 지역확장이 아니라, 지역확장에 필요한 IT시스템이었다. 제클린은 배송 요청, 수거, 전달, 결제의 업무 프로세스인 쏘스(SSoSS: Small Stay Operation Service System)를 구축하고 지역확장을 시작했다. 제클린의 차승수 대표에 따르면 "다른 지역으로 확장하더라도 IT시스템의 재투자가 필요하면 사업성이 없을 수 있다. 그러나 IT시스템을 지역에 상관없이 재사용할 수 있으면 새로운 지역에서의 투자 금액과 업무 시행착오를 줄일 수 있다"고 말한다.

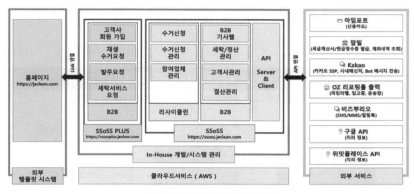

| 제클린의 SSoSS 시스템 구조도

IT 인프라 기반을 완성한 제클린은 제주를 넘어 지역확장을 추진한다. 1차적으로 목표한 지역은 전라남도 광주, 청주, 강릉이다. 또한 하와이, 발리, 베트남 등 지역의 해외 파트너와 협업 가능한 곳으로 확장을 계획하고 있다. 업무를 위한 IT시스템이 마련되어 있기 때문에 다른 지역에서도 신규 계정 개설만으로 재활용이 가능하다. 또한 확장을 위해 지역 파트너와 협업하는 것은 새로운 지역에서 기존의 물류 시스템을 활용할 수 있어 원가 절감과 효율 극대화가 가능하다. 원가의 35%는 물류비가 차지하기 때문이다.

제클린이 목표로 하는 확장 지역은 모두 파트너가 있는 곳이다. 광주광역시는 일신방직과 청주는 일신로지스틱, 강릉에서는 포스코홀딩스와 제휴를 맺고 진출 준비를 하고 있다. 또한 발리의 경우 인니 친환경 사업자와 과테말라, 베트남의 경우는 국내에서 진출해 있는 일신방직과 협업을 계획하고 있다. 제클린은 제주지역에서 안정적인 사업 검증을 마쳤다. 여기에 멈추지 않고 광주, 강원, 부산 등 내륙 지역으로 시장

을 확대하고, 괌, 과테말라, 베트남 등 파트너와 해외 지역확장을 모색
하고 있다.

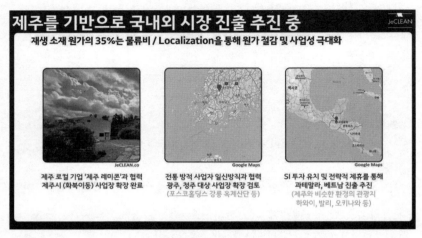

| 제클린의 사업 확장 계획서

· 인접한 지역확장

미국의 스타트업이 밀집해 있는 실리콘 밸리에서는 샌프란시스코를
중심으로 비즈니스가 시작된다. 그리고 프로덕트가 성장하면 단연 로
스앤젤레스가 프로덕트 확장의 실험실이 된다. 샌프란시스코와 가장
가까운 도시이기 때문이다. 두 지역이 사용자를 공유할 가능성이 크고
친구, 친척, 사업상의 지인이 살고 있는 경우가 많다. 메신저 프로덕트
의 경우 가까운 도시이지만 근처를 방문할 가능성이 높기 때문에 동일
한 생활권을 가진 사람들이 있을 수 있다.

국내의 경우는 스타트업이 몰려 있는 강남, 판교 지역에서 시작하여

근처 도시나 자주 가는 협력사의 위치가 확장 후보 지역이다. 배달의민족의 경우 인접 지역에서는 공동의 배달원을 활용하거나 중심에 모여 있는 프랜차이즈 식당 밀집 지역이 고객사가 된다. 따라서 인접 사용자와 연결된 인접 지역에서는 네트워크에 연결될 사람이 이미 확보된다. 인접 지역으로 확장하는 것은 새로운 지역에서 제로부터 시작하는 막막함과 위험을 줄일 수 있는 방법이다.

전 국민이 사용하는 배달의민족, 카카오톡이나 제주지역 숙박 시설에서만 사용하는 제클린도 처음에는 지역적 한계에 부딪혔다. 제클린의 경우 제주도를 넘어 내륙지방으로 확장해야 하는 도전이 있다. 계속되고 있는 제클린의 도전에서 주의 깊게 보아야 할 것은 IT시스템이다. 제클린에게 IT시스템은 지역확장 시 비용을 절감하고 업무 프로세스를 최적화하게 해준다. 업무 효율화와 비용 효율화가 프로덕트에 녹아 있게 되면 디지털 프로덕트의 확장은 수익으로 연결된다. 하지만 반대의 경우도 마찬가지이다. 내부 디지털 인프라와 업무 프로세스가 최적화되어 있지 못한 상태에서 지역확장의 결과는 비용의 증가이다. 물론 의도하지 않았겠지만 지역확장의 결과는 위축으로 끝날 수밖에 없다.

6. 다차원적 활성화: 유료 마케팅을 넘어서

"유료 마케팅은 거들뿐"
#유튜브_크리에이터

정체된 프로덕트는 마케팅 효과가 떨어진다. 이메일, 유료 광고, 소셜 미디어, 영상, 클릭률, 참여율, 전환율 등 모든 지표가 낮아진다. 마케팅 채널에서는 같은 비용과 노력을 투자해도 더 낮은 성과가 나온다. 마케팅을 담당하는 팀에게는 힘든 시절이다. 이 시점에 해결 방안을 찾기 위한 노력보다 중요한 점이 있다. 그것은 모두가 이런 현상이 자연스러운 성장의 과정이라고 공감하는 것이다. 리더는 압박보다는 격려와 함께 새로운 방안 모색이 필요한 시점이다. 이 시절 성과가 나지 않아 업무가 지겨워지고 이직 제안에 솔깃하겠지만 남기로 결정했다면 새로운 성장 전략이 필요하다. 성공과 실패의 결과를 떠나서 이 경험은 커리어를 위한 소중한 경험이다.

그렇다면 마케팅을 통해 다시 성장곡선을 만들려면 어떻게 해야 할까? 비용을 더 많이 증가시키면 단기적인 성과는 나겠지만 지금은 포화 상태이다. 효과도 성장 초기와는 다르다. 조금 증가하는 효과를 위해 더 많은 예산을 투자하는 것은 영리한 선택이 아니다. 가장 좋은 방법은 네트워크 효과가 있든 없든 꾸준히 새로운 채널을 구축하는 것, 콘텐츠 마케팅을 하는 것 그리고 검색최적화(SEO)에 힘을 모으는 것이다. 먼저 새로운 채널은 유튜브, 스냅챗, 인스타그램, 링크드인, 언론사와 같은 광고 플랫폼에서 유료 마케팅에 투자해야 한다. 또한 콘텐츠를 통한 바이럴 마케팅도 광고를 집행하는 것에서는 중요하며 유료 마케팅과 콘텐츠 마케팅을 통합하여 실행할 수도 있다. 마지막으로 검색최적화는 기본적인 사항이라 성장 기간 동안 간과된다. 하지만 구글을 통하여 자연스럽게 프로덕트가 순위에 오를 수 있도록 해야 한다.

포화된 상태에서는 이 같은 방법을 수행하며 돌파구를 찾아야겠지만 새로운 채널을 통한 성장은 비용도 함께 증가한다. 따라서 이는 지속 가능하지 않은 방법이므로 네트워크 프로덕트에 적합한 성장 돌파법은 아니다. 결국 네트워크 프로덕트의 최종적인 마케팅의 목표는 바이럴 조직을 최적화하여 지출 없이 성장하는 것이다.

아프리카TV나 유튜브 같은 프로덕트의 경우 포화가 되었다고 판단했을 때 크리에이터들에게 이미지 편집이나 동시 DM(Direct Message) 보내기와 같은 도구를 제공했다. 이로 인해 크리에이터들은 팬들과의 소통을 더 많이 하게 된다. 크리에이터들의 꾸준한 영상 제작뿐 아니라, 라이브 방송의 횟수도 증가한다. 결국 프로덕트로 더 많은 시청자가 찾아오게 하는 동기가 되었다. 단순히 마케팅을 늘리는 것이 목표가 아니라 이로 인해 네트워크 효과를 더욱 확대하는 방법을 모색하여 시청자들과 크리에이터들의 관심을 끌었다.

사용자 확보를 위해서 네트워크 효과 활용은 프로덕트 마케팅의 지향점이 되어야 한다. 더욱이 수천만 명이 사용하는 프로덕트라면 유료 마케팅을 통하여 유지할 수 있는 수준을 넘어선다. 대규모 트래픽을 관리하는 프로덕트 담당자와 마케터일수록 유료 마케팅은 마중물이며 결국 이를 활용하여 수천에서 수억 명의 사용자 활성화가 미션이다. 매년 마케팅 예산 증액에 따라 성과가 연동되는 실적은 진짜 경쟁력이라고 할 수 없다. 결국 마케팅 효과가 떨어지는 프로덕트의 돌파구는 마케팅 예산의 증액이 아니라 네트워크 효과가 일어나도록 하는 프로덕트 개선과 사용자 프로세스 개선이다.

7. 커뮤니티:
끼리끼리, 더 강한 연결 만들기

"네트워크 안의 네트워크로 돌파하다"
#카카오톡 #인스타그램

네트워크 프로덕트는 같은 관심을 가진 사용자가 연결되어 성장하였기 때문에 하나의 공통된 문화가 있다. 사용자들 간에는 네트워크 안에서 무엇을 해야 하고 무엇을 하지 말아야 하는지에 대한 암묵적인 동의가 문화가 된다. 하지만 이런 문화는 많은 사용자들이 프로덕트에 오게 되면서 약해진다. 소셜 네트워크에서 친구들끼리 공유하던 사진이 뜻밖에 부모님, 직장 상사, 절교한 친구에게 노출이 되면서 사람들을 곤경에 빠뜨리게 되는 경우가 있다. 커머스 상품의 경우 상품에 대한 진지한 고민과 평가 대신 가격에만 민감한 사용자들의 반응으로 인해 위축되기도 한다. 운영자는 이런 곤란한 관계를 수습하기도 하지만 대부분 어렵다. 사용자들이 네트워크 프로덕트를 떠나거나 활동이 위축되는 이유이다.

그렇다면 이런 현상에 대한 해결책은 무엇인가? 가능한 접근은 네트워크 안의 작은 네트워크 그룹을 만드는 것이다. 이 방법은 네트워크 프로덕트로 수많은 사람들이 몰려와도 나와 관련이 있는 사람들과만 교류할 수 있도록 한다. 작은 그룹을 만들도록 하는 기술적 도구는 친한 친구만의 그룹 생성 같은 기능이다. 이렇게 되면 프로덕트를 중심으로 큰 네트워크가 구성되었다고 할지라도 분할이 가능하다. 이들 중 하나가 다시 혼탁해지면 다시 새로운 네트워크를 만들 수 있다. 즉 사용자들이 스스로 원하는 네트워크를 만들 수 있을 때 다시 활동성이 왕성해지게 된다.

인스타그램의 경우 한 사람이 여러 계정을 만들 수 있도록 했다. 여러 계정을 만들면 계정마다 팔로워를 다르게 할 수 있어서, 원하는 사람들끼리만 소통을 할 수 있도록 해준다. 동시에 인스타그램은 친한 친구 스토리 기능도 제공한다. 이 기능을 사용하면 친한 친구를 설정하고 스토리를 공유할 때 친한 친구에게만 공유하기를 누르면 해당 스토리가 친한 친구들에게만 보인다. 이러한 방법은 포화기를 맞았던 싸이월드 1촌의 경우도 동일했다. 1촌의 수가 수없이 많아지자 친한 사람과 모르는 사람을 구분하기 어려웠다. 따라서 특정 사람들에게 공유하기 곤란한 사진은 사진첩에 공유하지 못한다는 의견들이 모아졌다. 결국 1촌을 세분화할 것이냐 말 것이냐는 결정에서 1촌을 세분화하여 각 세분화된 1촌 그룹에 따라 공개, 비공개 권한이 만들어지면서 1촌 안의 1촌이 만들어졌고, 이는 스몰 네트워크를 지속적으로 활성화하는 계기가 되었다.

이와는 다르게 아는 사람들 간의 메시지 서비스로 시작했던 카카오톡의 경우 성장을 위해서 스몰 네트워크들을 큰 네트워크로 확장하는 것이 필요했다. 작은 규모의 네트워크만으로는 비즈니스가 활성화되기 어렵기 때문이다. 따라서 오픈 채팅방, 미디어, 콘텐츠, 웹툰 등으로 사용자들을 끌어내어 네트워크 활성화를 하였다. 카카오는 오픈 채팅을 매일 찾는 일간활성사용자수(DAU)가 2023년 3분기 기준 900만 명 수준을 기록했다고 발표했다. 카카오톡의 경우 작은 네트워크가 큰 네트워크로 자연스럽게 나오도록 하는 것으로 정체를 돌파했다.

여기서 성장 책임자로서 관심 있게 보아야 할 사항은 작은 네트워크는 큰 네트워크와의 연결점을 만들어야 하고, 큰 네트워크는 다시 작은 네트워크로 연결점이 필요하다는 점이다. 친목, 동호회 같은 작은 네트워크가 지루해질 경우 대형 카페 같은 큰 네트워크에서 머물면서 참여 이유를 찾을 수 있으며, 큰 네트워크가 불편해질 때 작은 네트워크로 이동하여 활동하게 해주는 역할을 하기 때문이다. 이 시점에서는 검색 서비스가 중요해진다. 큰 네트워크와 작은 네트워크를 연결하는 역할을 검색이 하게 된다.

8. 기술의 힘: AI를 활용한 네트워크 확장

"기술팀과 사용자의 합작품을 만들다"
#구글캘린더 #카카오T #링크드인

네트워크 프로덕트가 포화된 증거는 스팸 메시지다. 이들은 네트워크에서 활동량이 많은 결제, DM(Direct Message), 댓글 기능을 활용하여 사용자들에게 접근하여 혼란스럽게 한다. 이성 교제의 제안, 쉽게 돈을 벌 수 있는 방법을 알려준다는 제안 등이 이에 해당한다. 이들은 자동화된 봇(Bot)을 활용하여 콘텐츠를 생성하고 사용자 계정을 해킹하여 메시지를 보낸다. 데이팅 앱에서는 가짜 사용자의 가짜 대답으로 상대방을 속이거나 돈을 빼앗는다. 기업 사용자들이 많은 프로덕트에서는 인증서나 비밀번호를 빼내려는 의도로 가짜 메시지들이 넘쳐난다. 네트워크 프로덕트에서 이러한 활동이 증가하는 만큼 실제 네트워크의 진짜 활동은 줄어든다. 당연히 알림이나 메시지에 대한 기대치가 떨어지게 되기 때문이다.

이런 환경에서는 네트워크 자체의 악용 방지는 성장을 지켜내는 방법이 된다. 프로덕트 운영팀이 악용 방지를 위한 활동을 시작하면 사용자들은 프로덕트팀의 활동을 지지하고 동참한다. 악용 방지의 가장 간단하면서도 효과적인 방법은 콘텐츠나 사용자에 대한 신고하기, 싫어요, 불쾌해요 버튼을 활용하는 것이다. 미국의 여군이 친구가 필요하다는 메시지나 불친절한 식당의 혹독한 리뷰, 담배 냄새가 났던 택시 운전자의 피드백을 포함한다. 결국 콘텐츠에 대해서 사용자들의 집단적인 신고와 필터링을 활용한다. 다만 수동으로는 한계가 있다. 프로그램화되어 있어야 하며 규칙은 그동안 쌓아온 바람직한 문화를 반영해야 한다. 이를테면 욕설에 대한 신고가 3번 이상 들어오면 로그인 한 달 정지 같은 규칙이 된다.

· 기술팀과 사용자의 합작품

알고리즘은 프로덕트를 운영하면서 쌓인 적용 규칙을 자동화한 프로그램을 뜻한다. 스타트업이 보통의 성장을 하기 위해서는 알고리즘이 없어도 된다. 알고리즘의 역할을 사람이 처리하는 게 더 효율적이고 빠르기도 하다. 그러나 정체된 성장을 돌파하기 원한다면 반드시 알고리즘을 활용해야 한다. 사용자가 프로그램 규칙에 영향을 주는 참여형 알고리즘에는 상호작용이 올바르게 유도할 수 있는 기능도 필요하다. 칭찬해요 버튼은 크리에이터들의 동기부여를 높여주어 더 좋은 콘텐츠와 생방송을 하도록 해준다. 구글 캘린더의 '약속일정' 같은 기능은 다른 사용자가 직접 나와의 일정을 예약할 수 있도록 예약 페이지를 만들어 공유하는 기능이다. 이러한 옵션의 추가는 다른 사람들이 동료에 대하여 사려 깊은 행동을 하도록 유도한다. 그리고 이런 경험은 머신러닝,

자동화와 결합되어 추가적으로 사기꾼들을 찾아내고 퇴치할 수 있는 네트워크 프로덕트의 알고리즘이 된다. 네트워크가 확장하면서 발전하는 알고리즘은 프로덕트의 경쟁력이 되지만 사용자들의 참여와 기술팀의 합작품이라 할 수 있다.

스팸성 활동의 증가가 아니더라도 프로덕트가 성장하면 콘텐츠는 과잉 생산된다. 프로덕트가 인기가 있다는 증거인 것이다. 기업에는 좋은 일이지만 적절한 대처가 없다면 곧 나쁜 일로 바뀐다. 영상이 많아지면 분류 시스템을 만들어야 하고 댓글이 많아질 경우 첫 페이지에 몇 개를 보여주어야 할지 결정해야 한다. 참여가 많아짐에 따라 더 많은 콘텐츠와 댓글이 쏟아지게 되지만, 좋은 콘텐츠라도 정리가 되지 않으면 스팸과 마찬가지일 뿐이다. 유튜브의 경우 이런 상황을 효과적으로 해결했다. 유튜브 프로덕트팀이 쏟아지는 콘텐츠를 해결하기 위한 방법으로 삼았던 원칙은 먼저 운영자가 수동으로 골라내는 것이다. 이후 랭킹, 주목받은 영상 등의 알고리즘으로 발전하도록 하는 방식이었다. 이 방식은 유튜브뿐 아니라 대부분의 네트워크 프로덕트에서 사용한다. 인공지능 같은 첨단 기술도 처음에는 운영자의 판단이나 운영자의 직접적인 판단이 필요하다는 뜻이다.

· 또 한 번의 성장: 유튜브, 링크드인, 카카오T

사용자들의 참여와 수동운영으로 알고리즘의 규칙이 정해지면, 프로덕트는 또 한 번 성장한다. 유튜브의 초기 창업자가 떠난 후에도 구글의 알고리즘은 유튜브를 계속 성장시킨다. 유튜브는 사용자들의 참여를 검색과 추천 알고리즘에 활용한다. 유튜브의 엔지니어링 부사장(VP of Engineering)인 크리스토스(Cristos)는 추천 알고리즘을 위해서 수백 개의 지표를 참고하지만, 그중에서 중요한 2가지로 즉 사용자들의 활동 통계를 통해 추천 알고리즘을 설계한다고 설명[47]했다. 즉, 같은 영상이라면 노출 대비 클릭률이 높은 영상을 추천하고 같은 클릭률이라면 사용자들의 시청시간이 더 긴 영상을 추천한다. 이는 사용자가 더 오래 머물도록 하기 위해서 연관도가 높고 긴 영상 시청은 유튜브의 비즈니스에 도움이 되기 때문이다. 최근 몇 년간 유튜브 알고리즘이 매력적인 영상을 찾아내어 메인 페이지에 노출하는 관련 영상, 자동 영상 재생 등의 기능이 업그레이드된 이유이다.

링크드인의 경우도 페이스북과 같은 알고리즘을 사용한다. '알 수도 있는 사람'이나 '친구 추천 기능'이 알고리즘 반영 결과다. 페이스북과 링크드인은 각각 지인 네트워크와 비즈니스 네트워크를 목적으로 구성되었기 때문에 성격이 다를 수도 있지만, 네트워크의 속성이 같기 때문에 동일한 알고리즘이 효과를 발휘한다. 오래된 기능이지만 여전히 여러 소셜 네트워크에서 같은 알고리즘을 적용하는 이유는 연결하고자 하는 인간의 본성을 충족시켜 주기 때문이다. 따라서 효과도 좋을 수밖에 없다.

카카오T 역시 알고리즘을 적극적으로 활용한다. 카카오T의 대표적인 서비스인 카카오택시는 카카오모빌리티가 택시 라이선스를 매입하

---

47 Cristos VP of Engineering의 설명 영상(https://www.youtube.com/watch?v=G1tHzUGdMwY)

여 직접 택시를 운영하고 있다. 그러다 보니 카카오T의 소속이 아닌 일반 택시들은 카카오T의 택시호출이 카카오택시에 집중되고 있다고 의혹을 제기했다. 언론에 소개된 내용으로는 일반 택시가 하루 5건 정도 택시호출을 받을 때 카카오택시는 20건을 받는다는 주장이었다. 카카오T의 알고리즘은 외부로 알려진 바가 없으나 예상컨대 택시를 부르는 장소에 여러 대의 택시가 있다면 고객평가가 높은 택시에 우선권을 줄 수 있다. 여기서 카카오택시는 평소 기사들에게 고객으로부터 좋은 평가를 얻으라는 지침을 내릴 수 있다. 택시기사에게 좋은 평가란 부드럽고 안전한 운전, 친절한 말과 행동이 된다. 결국 카카오T의 참여형 알고리즘은 고객의 평가를 반영한 '친절함을 만드는 알고리즘'이라고 볼 수 있다.

사용자의 참여와 그 결과로 쌓인 데이터가 만들어 낸 알고리즘은 새로운 프로덕트 경험을 만든다. 그리고 새로운 경험은 포화된 네트워크를 해결하는 방법이 된다. 사용자가 많아질수록 사용자가 접할 수 있는 접점은 한계가 있지만, 인공지능을 활용한 데이터 알고리즘은 이러한 한계를 돌파하도록 한다.

9. 네트워크 브리징: 새로운 시장과의 연결

"다른 네트워크와 연결하다"
#애플_비전프로 #야놀자 #네이버_블로그와카페

애플은 2024년 2월 2일에 비전 프로를 공식적으로 선보였다. 애플은 홍보영상에서 "공간 컴퓨팅의 시대가 왔다(THE ERA OF SPATIAL COMPUTING IS HERE)"라는 메시지로 '공간'의 중요성을 강조했다. 사용자들은 눈동자의 움직임으로 공간에 떠 있는 앱들을 제어하고, 손가락을 튕기며 조작하는 혁신적인 경험을 누릴 수 있다. 또한, 비전 프로를 착용한 채로 친구와 대화하거나 운전하며 커피를 주문하는 등, 이제는 독립된 고립된 공간이 아닌 현실 세계 속에서의 경험을 즐길 수 있다.

애플이 이러한 시도를 하는 이유는 무엇일까? 애플은 'visionOS'라는 공간기반 운영체제를 통해 활성화된 모바일 네트워크를 공간영역으로 확장하는 과정에 있다. 이 확장은 네트워크의 노드와 링크가 증가함을 의미한다. 비전 프로는 인터넷에 연결되어 있기 때문에 애플의 다른 앱과 연동이 가능하다. 모바일에서 활성화된 애플리케이션, 음악, 엔터

테인먼트 등이 비전 프로와 연계되어 더욱 효율적으로 활용될 수 있다. 비전 프로는 단순히 혁신적인 제품의 출시가 아니라, 기존 네트워크의 강화와 새로운 네트워크의 확장을 위한 중요한 전략의 하나로 간주해야 한다.

| 애플 비전 프로에서 모바일 앱을 사용하는 장면

· 확장을 위한 네트워크 브리징

네트워크가 확장되는 것을 네트워크 과학의 관점에서 네트워크 브리징(Network Bridging)이라고 한다. 네트워크 브리징은 서로 다른 네트워크를 연결한다. 네트워크 브리징은 사용자를 확보하고 이들의 거래에 대해서 데이터를 축적한다. 이 자산이 견고하다면 특정 산업의 영역에서 성공한 프로덕트가 다른 비즈니스로 다각화하고 수익성을 개선할수 있다. '네트워크 브리징'은 한 가지 분야에서 사용자를 모으는 데서그치지 않고, 여러 기관 및 기업들과 네트워크를 더욱 넓히고, 전혀 다른 시장으로까지 진출하는 전략이다.

숙박 시설 예약 플랫폼 야놀자는 2010년 연 매출 25억 원에서 2022년에는 6,045억 원을 기록했다. 모텔예약 서비스로 시작했지만 리조트, 콘도, 펜션과 게스트하우스로 서비스 범위를 넓혔으며 숙박과 연결된 항공, 렌터카, KTX로 확장했다. 지금은 파크 하얏트, 포시즌스 등 5성급 호텔까지 야놀자를 통한 예약이 가능하다. 최근에는 해외까지 진출하며 연평균 70%의 성장세를 이어가고 있다. 야놀자와 같은 플랫폼 기업이 폭발적으로 성장할 수 있는 이유는 한 분야에서 확고하게 성장하면 확보한 고객 접점을 활용하여 다른 업으로 확장하는 네트워크 브리징이 쉽기 때문이다. 사용자들도 기존 서비스와 연계하여 편리성과 혜택을 주기 때문에 이를 반긴다. 야놀자가 모텔예약으로 시작해서 특급 호텔예약까지 확장하는 이유이다.

네이버가 처음 탄생할 때는 네트워크 프로덕트가 아니었다. 사용자 간 관계가 만들어지지 않는 단순한 검색사이트였다. 그러나 이후 강점인 검색을 기반으로 블로그와 카페 같은 네트워크 프로덕트를 출시한다. 그리고 음악, 지도, 웹툰으로 네트워크를 확장하여 사업을 키웠다. 그리고 쇼핑과 N Pay 같은 결제 서비스로 이미 구축된 네트워크에 비즈니스를 연결하여 성장했다. 20년 전에 시작한 검색 서비스가 그간 수많은 정체와 포화를 돌파하고 계속 성장하는 이유이다.

· 검증된 성장 전략

네트워크 브리징은 정체를 돌파하는 기업의 검증된 전략이다. 애플은 비전 프로를 통해서 네트워크를 연결하는 브리징 효과를 누릴 수 있다. 플랫폼이 새로운 네트워크와 연결이 되면 시너지가 생긴다. 애플은 컴퓨터로 시작하여 노트북, 아이폰, 아이패드, 애플워치, 에어팟을 연결했다. 그리고 여기에 비전 프로를 연결했다. 10년간 준비한 애플카 프로젝트 '타이탄'을 포기한다고 발표했지만 결국 다시 시작하리라고 본다. 왜냐하면 연결된 자동차로 제품이 발전하는 것은 애플 네트워크를 확장하는 검증된 성장 전략이기 때문이다. 아마존의 경우도 이미 커머스 네트워크를 기반으로 성공적인 확장을 진행 중이다. 게임 중계 서비스인 트위치, 비디오 스트리밍 서비스인 비디오 프라임, 전자책 킨들, 음성 기반의 스피커 알렉사로 아마존 네트워크를 확장했다. 온라인뿐만 아니라 야채와 과일을 파는 홀푸드, 오프라인 서점으로 네트워크를 연결하여 새로운 영역으로 확장을 완료했다. 기존의 네트워크에 새로운 네트워크가 연결되면 단번에 성장하면서 기존 네트워크도 역시 성장시키는 시너지를 발휘한다. 모두 네트워크 브리징의 효과를 알고 있었던 덕분이다.

네트워크 효과 에센셜 7.
전략적 방어 기법

#사용자이탈방지 #멀티호밍방지 #높은전환비용

중세 시대 적들이 성 밖에서 쳐들어오는 상황을 상상해 보자. 성안의 군사들은 문을 걸어 잠그고 성을 지킨다. 다행히 성을 방어하기 위해 성 주위에 파놓은 홈, 즉 해자가 든든하게 있으면 그나마 방어에 유리하다. 그렇지 못하고 허술하게 성벽이 쌓여 있으면 위험한 순간이 된다. 이것은 네트워크가 다른 네트워크와 경쟁하게 되면 어떻게 되는지 설명할 때 종종 들게 되는 해자 비유이다.

해자를 고민하고 있다면 이미 기업은 스타트업을 넘어 큰 성장을 이루었다는 뜻이다. 모두가 부러울 만한 상황이겠지만, 막상 그 시절을 보낸 팀이라면 이 또한 만만하지 않다는 것을 알게 된다. 이 책에서는 프로덕트 성장이 주제이지만 성장만큼이나 지키기 위한 노력도 중요한 법이다. 우리의 프로덕트가 네트워크 효과가 있다면 경쟁사의 프로덕트 역시 네트워크 프로덕트일 수 있기 때문이다.

또한 전통기업이 경쟁자를 만나면 시장 점유율을 부분적으로 잃은 후 그 상태를 유지하는 한편 네트워크 프로덕트는 완전한 전멸을 의미한다. 따라서 네트워크 프로덕트를 운영하는 기업은 다음과 같은 강력한 해자 방법을 구축해야 한다.

· 사용자 이탈 방어

고수 매칭 플랫폼인 한국의 숨고는 사용자 이탈에 민감한 사업이다. 매칭 이후 만난 고수와 만족도가 높다면 다시 플랫폼을 통해서 거래를 할 이유가 사라지기 때문이다. 따라서 플랫폼에서는 사용자 이탈을 막기 위한 방법이 있어야 한다. 약관일 수도 있고 서비스의 정책상 비공개, 공개일 수도 있다. 숨고는 대화방에서 전화번호를 입력하면 전화번호를 별표(*)로 변경하기도 했다. 채팅방은 직접 연락처를 주고받는 활동을 불편해한다. 숨고를 통한 거래 시 안전거래를 보장하며 소정의 프로모션 비용도 지원했다.

에어비앤비는 사용자가 결제하기 전에 호스트의 정확한 위치를 공개하지 않는다. 이런 정책은 방어를 위해 좋을 수도 있고 경쟁 플랫폼에 기회를 줄 수도 있다. 중국의 상거래 플랫폼인 타오바오에서는 다른 전략을 취했다. 타오바오가 시장에 처음 진출한 2003년, 중국의 C2C 시장은 이베이의 이치넷(EachNet)이 85%의 지분을 장악한 상태였다. 타오바오는 채팅 서비스 왕왕(Wangwang)을 만들어 구매자들과 판매자들에게 직접 커뮤니케이션하도록 했다. 자사에서 만든 왕왕을 통해서만 서로 소통할 수 있게 된 것이다.

· 멀티호밍 방어

멀티호밍(Multi-Homing)이란 사용자나 서비스 제공자가 여러 네트워크 프로덕트를 동시에 사용하는 현상이다. 새로운 프로덕트를 사용하는 비용이 크지 않을 때 이런 현상이 일어난다. 우버와 리프트(Lyft)는 운전자와 승객들이 모두 사용한다. 사용자는 가격과 대기시간을 비교하고, 운전자는 대기시간을 줄일 수 있다. 시장 독점을 공고히 하기 위해 연속적으로 일정 수를 사용한 사용자들 또는 피크 시간대에 연락을 지속적으로 받는 운전자에게 보너스를 지급했다. 연속된 사용자에게 포인트를 지급하고 재방문율이 높고 사용시간이 오래될수록 혜택이 더 많아지게 함으로써 이탈을 막을 수도 있다.

넷플릭스 같은 OTT 서비스도 콘텐츠와 독점계약을 통해 프로덕트 입지를 강화시키고 사용자를 모은다. 한국에서도 디즈니 플러스에서만 '무빙'이라는 대작 시리즈물을 방영하여 구독자를 늘리기도 했다.

아마존의 경우 멀티호밍을 방지하기 위해 고객의 주문을 대신 처리해 주는 서비스를 제공한다. 아마존의 마켓플레이스를 사용하지 않는 경우 더 높은 수수료를 부과하여 셀러들의 아마존 충성도를 유도한다. 쿠팡이 로켓와우 멤버십 회원에게 새벽배송을 제공하는 것이나 롯데그룹에서 엘포인트를 공통으로 적립하는 것은 멀티호밍을 방지하기 위한 로열티 정책이다.

· 높은 전환비용

전환비용은 한 프로덕트를 사용하다가 다른 프로덕트로 전환할 때 발생하는 시간, 노력 또는 비용을 의미한다. 전환비용이 높으면 사용자들은 다른 경쟁업체로 옮길 때 불편해지거나 손해를 본다. 따라서 특별한 경우가 아니라면 사용하던 프로덕트를 계속 사용한다.

높은 전환비용은 프로덕트의 방어력이다. 방어력이 높은 기업은 일반적으로 자사 프로덕트를 경쟁사와 호환되지 않게 만들 수 있으므로 전환비용이 많이 든다. 애플을 생각해 보라. 맥북과 같은 애플 프로덕트를 구입하면 호환되지 않는 다른 프로덕트를 사용하기 어렵다. 맥북을 구입하는 경우 애플 프로덕트끼리만 사용할 수 있는 에어드롭(AirDrop) 기능으로 다른 아이폰에 문서, 사진, 동영상을 무선으로 간편히 보낼 수 있다. 반면 맥북의 파일을 삼성 갤럭시 스마트폰으로 보내려면 대단히 귀찮은 과정을 거쳐야 한다. 이처럼 네트워크 프로덕트는 프로덕트 전환비용을 높인다.

성장을 다시 생각하다

프로덕트를 성장시키는 과정은 마치 아이를 낳고 키우는 것과 유사하다. 아이가 배 속에 있을 때는 빨리 만나 놀고 싶지만, 막상 태어나면 매일 해야 할 일들로 지쳐간다. 프로덕트 역시 성장하는 동안 수많은 세부 조정과 보이지 않는 수고가 필요하다. 이 과정은 언제나 예상치 못한 도전들이 지뢰처럼 숨어 있지만, 지난번보다 성공적으로 키워내고 싶은 욕심이 생긴다.

그러나 수많은 경험이 있다고 해도, 프로덕트 성장은 여전히 어렵다. 명확한 가치를 제공한다 해도 쉽게 인정받지 못하며, 기술은 계속 발전하고 비즈니스 환경은 끊임없이 변화한다. 하지만 이 과정을 겪어 나가는 일은 또한 즐거운 일이다. 그 이유는 먼저 일을 논의하고 함께하는 동료들 덕분이다. 같은 경험을 통해 희로애락을 공유하다 보면 회사 안에서 우정을 쌓는 것도 가능하다. 다음으로는 프로덕트를 사용하는 사람들 때문이다. 그들은 프로덕트가 제공하려는 가치에 공감하며, 그것을 자신들의 삶에 중요한 부분으로 사용한다. 프로덕트를 관리하는 사람으로서 사람들의 삶에 조금이나마 기여하는 것은, 비즈니스 목표 달성을 넘어서는 뿌듯함을 준다. 이것이 내가 20여 년 동안 프로덕트 중심의 비즈니스를 계속한 이유다.

이 책을 읽는 독자들도 자신이 관여하는 프로덕트에서 이와 같은 행복을 찾았으면 한다. 네트워크 효과와 연결의 힘을 활용하여 각 프로덕트가 새로운 의미를 찾고, 성장의 새 지평을 여는 데 도움이 되기를 바란다.

프로덕트
성장
바이블

초판 1쇄 발행 2024. 4. 15.

지은이 신병휘
펴낸이 김병호
펴낸곳 주식회사 바른북스

편집진행 김재영
디자인 배연수

등록 2019년 4월 3일 제2019-000040호
주소 서울시 성동구 연무장5길 9-16, 301호 (성수동2가, 블루스톤타워)
대표전화 070-7857-9719 | **경영지원** 02-3409-9719 | **팩스** 070-7610-9820

•바른북스는 여러분의 다양한 아이디어와 원고 투고를 설레는 마음으로 기다리고 있습니다.

이메일 barunbooks21@naver.com | **원고투고** barunbooks21@naver.com
홈페이지 www.barunbooks.com | **공식 블로그** blog.naver.com/barunbooks7
공식 포스트 post.naver.com/barunbooks7 | **페이스북** facebook.com/barunbooks7